"一带一路"列国人物传系

埃塞俄比亚9人传
非洲屋脊马蹄莲

唐 迪 王 宁 ◎ 编著

五洲传播出版社·北京
China Intercontinental Press

图书在版编目（CIP）数据

埃塞俄比亚9人传：非洲屋脊马蹄莲 / 唐迪，王宁编著. -- 北京：五洲传播出版社，2024.1
ISBN 978-7-5085-5115-9

Ⅰ.①埃… Ⅱ.①唐… ②王… Ⅲ.①人物—列传—埃塞俄比亚 Ⅳ.①K834.21

中国国家版本馆CIP数据核字(2023)第178634号

埃塞俄比亚9人传：非洲屋脊马蹄莲

编　　著：唐　迪　王　宁
出 版 人：关　宏
责任编辑：梁　媛　侯琴雅
装帧设计：山谷有鱼
出版发行：五洲传播出版社
地　　址：北京市海淀区北三环中路31号生产力大楼B座6层
邮　　编：100088
发行电话：010-82005927，010-82007837
网　　址：http：//www.cicc.org.cn，http://www.thatsbooks.com
印　　刷：北京市房山腾龙印刷厂
版　　次：2024年1月第1版第1次印刷
开　　本：32开
印　　张：8
字　　数：250千
定　　价：49.80元

《"一带一路"列国人物传系》编辑委员会

指导单位： 中国文学艺术界联合会
中国社会科学院国家全球战略智库

编委会： 主　任：王　丽
副主任：唐得阳　王灵桂

委　员：

丁闻琦	丁　超	于　青	于福龙	马细谱	王成军
王　丽	王灵桂	王建沂	王春阳	王郦久	王洪起
王宪举	王　渊	文　炜	孔祥琇	石　岚	白明亮
冯玉芝	成　功	朱可人	刘　文	刘思彤	刘铨超
安国君	许文鸿	许烟华	孙钢宏	孙晓玲	苏　秦
杜荣友	李一鸣	李永全	李永庆	李垂发	李玲玲
李贵方	李润南	李嘉慧	余志和	宋　健	张　宁
张　敏	陈小明	邵诗洋	邵逸文	周由强	周　戎
周国长	庞亚楠	胡圣文	姜林晨	贺　颖	贾仁山
高子华	高宏然	唐岫敏	唐得阳	董　鹏	韩同飞
景　峰	程　稀	谢路军	崔文婧	熊友奇	鞠思佳

支持单位： 中国社会科学院俄罗斯东欧中亚研究所
北京融商一带一路法律与商事服务中心

人物画像： 吴泽浩

法律顾问： 北京德恒律师事务所

总　序
群星闪耀"一带一路"

"2100多年前,中国汉代的张骞肩负和平友好使命,两次出使中亚,开启了中国同中亚各国友好交往的大门,开辟出一条横贯东西、连接欧亚的丝绸之路。"[1] 2013年9月7日,中国国家主席习近平在哈萨克斯坦纳扎尔巴耶夫大学发表演讲,以博古通今的睿智对大学生们娓娓道来丝绸之路古老而年轻的故事。

"我的家乡陕西,就位于古丝绸之路的起点。站在这里,回首历史,我仿佛听到了山间回荡的声声驼铃,看到了大漠飘飞的袅袅孤烟。这一切,让我感到十分亲切。哈萨克

---

[1]《习近平谈治国理政》,外文出版社,2014年10月第1版,第287页。

斯坦这片土地，是古丝绸之路经过的地方，曾经为沟通东西方文明，促进不同民族、不同文化相互交流和合作作出过重要贡献。东西方使节、商队、游客、学者、工匠川流不息，沿途各国互通有无、互学互鉴，共同推动了人类文明进步。""不同种族、不同信仰、不同文化背景的国家完全可以共享和平、共同发展。这是古丝绸之路留给我们的宝贵启示。""为了使我们欧亚各国经济联系更加紧密、相互合作更加深入、发展空间更加广阔，我们可以用创新的合作模式，共同建设'丝绸之路经济带'。"[1] 推己及人，高瞻远瞩，引领时代，习主席在阿斯塔纳[2]通过哈萨克斯坦人民，首次向世界发出了让古老的丝路精神再次焕发青春和光彩的时代宣言。

2013年10月3日，习主席在印度尼西亚国会发表了题为《共同建设二十一世纪"海上丝绸之路"》的演讲："东南亚地区自古以来就是'海上丝绸之路'的重要枢纽，中

---

[1]《习近平谈治国理政》，外文出版社，2014年10月第1版，第287页。
[2] 哈萨克斯坦新首都名称。

国愿同东盟国家加强海上合作,使用好中国政府设立的中国—东盟海上合作基金,发展好海洋合作伙伴关系,共同建设21世纪'海上丝绸之路'","发挥各自优势,实现多元共生、包容共进,共同造福于本地区人民和世界各国人民"。[1]这个倡议和9月7日的演讲异曲同工、遥相呼应、互为映衬,完整地提出了"丝绸之路经济带"和"21世纪海上丝绸之路"的宏伟构想。

从广袤的亚欧腹地哈萨克斯坦到风光旖旎的印度尼西亚,习主席提出的"丝绸之路经济带"和"21世纪海上丝绸之路"吸引了世界各国的目光。从2013年9月至2016年8月,习近平出访37个国家(亚洲18国、欧洲9国、非洲3国、拉美4国、大洋洲3国),对"一带一路"倡议的总体框架和基本内涵做了充分阐述。和平合作、开放包容、互鉴互学、互利共赢的丝路精神,共商、共建、共享的合作理念,驱散了"去全球化"的阴霾,为增长低迷的世界

---

[1]《习近平谈治国理政》,外文出版社,2014年10月第1版,第293-295页。

经济注入新的动能。各国纷纷将本国经济发展与中国政府制定的《推动共建丝绸之路经济带和21世纪海上丝绸之路的愿景与行动》规划相衔接。"一带一路"倡导的政策沟通、设施联通、贸易畅通、资金融通、民心相通等"五通",正在以基础设施、经贸合作、产业投资、能源资源、金融支撑、人文交流、生态环保、海洋合作等为载体和依托,在全球掀起了投资兴业、互联互通、技术创新、产能合作的新势头。2016年中国牵头成立有57个成员国加入的亚洲基础设施投资银行(AIIB),2017年3月23日迎来13个新伙伴。孟加拉配电系统升级扩容项目、印尼全国棚户区改造项目、巴基斯坦国家高速公路项目和塔吉克斯坦杜尚别至乌兹别克斯坦道路改造项目已经获得亚投行金融支持,共商共建成为现实。

"一带一路"倡议得到国际社会的热烈响应。2016年11月17日,第71届联合国大会193个成员一致赞同,通过了第A/71/9号决议,欢迎"一带一路"倡议,敦促各国通过参与"一带一路",呼吁国际社会为开展"一带一路"建设提供安全保障环境。2017年3月17日,联合国安理会全票赞成，一致通过第2344号决议，呼吁国际社会凝聚援助阿富汗共识，通过"一带一路"建设等加强区域经济合作，敦促各方为"一带一路"建设提供安全保障环境。

2017年1月，习近平主席在联合国日内瓦总部发表题为《共同构建人类命运共同体》的重要演讲，全面深入系统阐述人类命运共同体重大理念，在国际上引起热烈反响，受到各方普遍欢迎和高度评价。3月23日，联合国人权理事会第34次会议通过关于"经济、社会、文化权利"和"粮食权"两个决议，决议明确表示要通过"一带一路"建设"构建人类命运共同体"。这是人类命运共同体重大理念首次载入人权理事会决议，标志着这一理念成为国际人权话语体系的重要组成部分。2017年5月，北京喜迎来自"一带一路"相关国家的元首、政府首脑、前政要，以及国际组织负责人，还有专家学者和知名企业家等各界代表上千人，出席"'一带一路'国际合作高峰论坛"，共商沿线各国之合作共赢大计。

"一带一路"不是中国的独角戏，是与亚、欧、非洲及世界各国共同奏响的交响乐。中国恪守联合国宪章的宗旨和原则，坚持开放合作、和谐包容、政策沟通，培育政治互信，建立合作共识，协调发展战略、促进贸易便利化及多边合作体制机制。中国携手100多个国家和地区，依托国际大通道，以陆上沿线中心城市为支撑，以重点经贸产业园区为合作平台，共同打造新亚欧大陆桥、中蒙俄、中国—中亚—西亚、中巴、孟中印缅、中国-中南半岛等国际经济合作走廊进展顺利，中欧班列在贸易畅通上动力强劲，风景亮丽；以海上重点港口为节点，共同建设通畅安全高效的运输通道，实现陆海路径的紧密关联和合作，太平洋、印度洋、大西洋上巨轮往来频繁，不亦乐乎。亚太经合组织、亚欧会议、大湄公河次区域合作等有关决议或文件，都体现了"一带一路"建设内容。丝路基金、开发性金融、供应链金融汇聚全球财富，建设绿色、健康、智慧与和平的丝绸之路，增进各国民众福祉。

"一带一路"是人类历史上从未有过的恢弘蓝图，也是横跨亚非欧连接世界各国的暖心红线。"丝绸之路经济带"包括中国经中亚、俄罗斯至欧洲（波罗的海），中国经中亚、西亚至波斯湾、地中海，中国至东南亚、南亚、印度洋；

"21世纪海上丝绸之路"包括从中国沿海港口过南海到印度洋再延伸至欧洲和到南太平洋。一路驼铃声声、舟楫相望,互通有无、友好交往。

在新的时代,在创新古老丝路精神的伟大进程中,习主席专门缅怀丝路开拓者,特意致敬古丝路精神奠基人:"我们的祖先在大漠戈壁上'驰命走驿,不绝于时月',在汪洋大海中'云帆高张,昼夜星驰',走在了古代世界各民族友好交往的前列。甘英、郑和、伊本·白图泰是我们熟悉的中阿交流友好使者。丝绸之路把中国的造纸术、火药、印刷术、指南针经阿拉伯地区传播到欧洲,又把阿拉伯的天文、历法、医药介绍到中国,在文明交流互鉴史上写下了重要篇章。千百年来,丝绸之路承载的和平合作、开放包容、互学互鉴、互利共赢精神薪火相传。"[1] 这种吃水不忘挖井人的情怀,再次展现了中华民族不忘历史、纪念先贤、展望未来的优秀文化基因,也为中国传记文学学会参加"一带一路"

---

[1] 习近平:《弘扬丝路精神,深化中阿合作》,2014年6月5日,习近平在中—阿合作论坛第六届部长级会议开幕式上的讲话,《人民日报》6月6日第1版。

建设指明了方向和道路。

在古老的丝绸之路上，我们不曾相忘：张骞出使西域到过的哈萨克斯坦，山高水长的好邻居巴基斯坦，双头鹰下横跨欧亚之国俄罗斯，草原之国蒙古，喜马拉雅浮世天堂尼泊尔，菩提恒河保佑之国印度，文化瑰宝伊朗，首创法典之国伊拉克，红海门户之国也门，石油王国沙特阿拉伯，波斯湾明珠巴林，雪松之国黎巴嫩，海湾之秀科威特，沙漠之巅阿联酋，半岛明珠之国卡塔尔，波斯湾霍尔木兹海峡守门人阿曼，万湖之国白俄罗斯，欧亚十字路口土耳其，流着奶和蜜之地以色列，欧洲粮仓乌克兰，亚平宁半岛上的文化巅峰意大利，阿尔卑斯之巅的瑞士，玫瑰之国保加利亚，与灵魂对话的思辨之国德意志，欧洲文化殿堂法兰西，欧洲客厅比利时，郁金香之国荷兰，热情如火的西班牙，还有绅士国度英国，北非金字塔之国埃及，非洲屋脊奉马蹄莲为国花的埃塞俄比亚，香草大岛之国马达加斯加，等等。

沿着海上丝绸之路，我们会领略丛林花园之国马来西亚，花园国度新加坡，千岛之国菲律宾，赤道翡翠之国印度尼西亚；沿澜沧江一路南下，我们不曾相忘澜湄泽润之国越南，千佛之国泰国，高棉的微笑之国柬埔寨，万象之都老挝，印度洋上明珠之国斯里兰卡，印度洋上的明星和钥匙毛里求斯，堆金积玉之国文莱，追求自由之国东帝汶，印度洋世外桃源马尔代夫，骑在羊背上的国家澳大利亚，上帝的后花园新西兰，等等。

"一带一路"沿线国家里，那些千百年来影响了人类与国家、民族命运并与中国曾经有过交往的古今人物，至今还能在教科书、影视剧里看到他们，还能感受到他们在一代一代年轻人身上所生发的影响和魅力。

当然，对于中国人来说，更为熟悉的是丝绸之路的开拓者。曾记否？丝绸之路开拓者中，有汉武帝和他的使节们，有首开大唐盛世的唐太宗及其无数臣民，有再续睦邻通商航海路的宋祖朝廷和无数先贤，还有金戈铁马风漫卷的元代人物，一统江山万里帆的明代人物，环球凉热自清浊的清代人物，东西碰撞溅火花的近代人物，还有经受风雨变迁、勇立海国之志的现代人物，更有丝路明珠敦煌莫高窟的守护者，卫国助邻的将军和通司中外的外交家们。当然，数风流人物，还看今朝，我们不能不浓墨重彩地讴歌那些智通商海，投身到新丝路建设中的当代人物。

耕云播雨，香火延续，智慧传承，历史再续！2100多年的友好交往历史从未隔断，惠及三大洲的中西交通从未停歇，21世纪的"中国梦"和"世界梦"汇成了人类命运共同体的时代和弦，响彻在"一带一路"辽阔的长空。也正因如此，在2023年的金秋时节，习近平主席同来自五洲四海的新老朋友相聚北京，共同出席第三届"一带一路"国际合作高峰论坛。世界的目光再次聚焦北京、聚焦中国。10年来，在各方的共同努力下，共建"一带一路"从中国倡议走向国际实践，从理念转化为行动，从愿景转变为现实，从谋篇布局的"大写意"到精耕细作的"工笔画"，取得实打实、沉甸甸的成就，成为深受欢迎的国际公共产品和国际合作平台。"一带一路"合作从亚欧大陆延伸到非洲和拉美，150多个国家、30多个国际组织签署共建"一带一路"合作文件，举办3届"一带一路"国际合作高峰论坛，成立了20多个专业领域多边合作平台。[1]这是中华民族和世

---

[1] 习近平在第三届"一带一路"国际合作高峰论坛开幕式上的主旨演讲（全文），2023年10月18日，https://baijiahao.baidu.com/s?id=1780064815242319182&wfr=spider&for=pc。

界历史上都应该铭记的大日子。

"一带一路"沿线国家拥有各自悠久的历史和丰富的文化传统,从古到今,涌现出了许多令人钦佩的人物,他们的成就在促进不同文化之间的民心相通方面发挥了重要作用,他们的贡献有助于加深各国人民之间的理解和合作。以人物传记写作为己任的中国传记文学学会,在"一带一路"倡议实施中,肩负"讲好'一带一路'民心相通好故事"的使命和责任,这也是国家赋予我们的根本职责和任务。在中国文学艺术界联合会的领导下,在中国社会科学院国家全球战略智库指导下,中国传记文学学会以赤诚的家国情怀、强烈的时代精神、为人物传记的责任担当,在认真调研、周密谋划、精心组织基础上,毅然决定倾注全力组织编写、筹资出版"'一带一路'列国人物传系"。此煌煌百卷传系讲述近千名各国卓越人物故事,集数百位专家作家尽心挥毫,冬去春来,夜以继日……幸得各界人士倾力赞助,又得中国出版集团公司华文出版社、当代世界出版社、五洲传播出版社出版发行。于是,各位读者得以读到手中的这套活泼而不失厚重、有趣而不失学养的列国人物合传书卷。

孔子曰:"仁者,人也。"让各国的先贤智者的思想光辉,照亮我们探索人类未来的道路。

传记明志,落笔为文,是为总序。

中国传记文学学会会长
"'一带一路'列国人物传系"编委会主任
王丽 博士
2023年10月18日

Introduction: The Star-Studded "Belt and Road"

On September 7, 2013, Chinese President Xi Jinping delivered a speech at Kazakhstan's Nazarbayev University, telling college students the ancient yet up to date stories of the Silk Road with well-versed wisdom.

"More than 2,100 years ago during the Han Dynasty (206 BC-220AD), a Chinese envoy named Zhang Qian was sent to Central Asia twice on missions of peace and friendship. His journeys opened the door to friendly contacts between China and Central Asian countries, and started the Silk Road linking east and west, Asia and Europe.

Shaanxi, my home province, is right at the starting point of the ancient Silk Road. Today, as I stand here and look back at that history, I seem to hear the camel bells echoing in the mountains and see the wisp of smoke rising from the desert, and this gives me a specially good feeling.

Kazakhstan, located on the ancient Silk Road, has made an important contribution to the exchanges between the Eastern and Western civilizations and the interactions and cooperation between various nations and cultures. This land has borne witness to a steady stream of envoys, caravans, travelers, scholars and artisans traveling between the East and the West. The exchanges and mutual learning thus made possible promoted the progress of human civilization." [1]

"Countries of different races, beliefs and cultural backgrounds are fully able to share peace and development. This is the valuable inspiration we have drawn from the ancient Silk Road," [2] and "to forge closer economic ties, deepen cooperation and expand

---

[1] *Xi Jinping: The Governance of China*. 1st ed., Foreign Languages Press, Beijing, October 2014, p.311

[2] *Xi Jinping: The Governance of China*. 1st ed., Foreign Languages Press, Beijing, October 2014, p.312

development space in the Eurasian region, we should take an innovative approach and jointly build an economic belt along the Silk Road." [1]

With caring, vision and leadership, through the people of Kazakhstan in Astana, President Xi Jinping, for the first time, has made a declaration to the world that would rejuvenate the spirit of the ancient Silk Road.

On October 3, 2013, President Xi Jinping gave a speech titled "Work Together to Build a 21st-century Maritime Silk Road" at the People's Representative Council of Indonesia.

"Southeast Asia has since ancient times been an important hub along the ancient Maritime Silk Road. China will strengthen maritime cooperation with the ASEAN countries, and the China-ASEAN Maritime Cooperation Fund set up by the Chinese government should be used to develop maritime partnership in a joint effort to build

---

[1] *Xi Jinping: The Governance of China*. 1st ed., Foreign Languages Press, Beijing, October 2014, p.313

the 'Maritime Silk Road' of the 21st century." [1] And "[t]he two sides need to give full rein to our respective strengths to enhance diversity, harmony, inclusiveness and common progress in our region for the benefit of both our people and the people outside the region." [2]

This initiative and the speech on September 7 both express the same idea and echo with each other, completing a grand vision of the "Silk Road Economic Belt" and the "21st Century Maritime Silk Road."

From Kazakhstan in the vast Eurasian hinterland to the beautiful scenery of Indonesia, Xi Jinping's proposed "Silk Road Economic Belt" and "21st Century Maritime Silk Road" have attracted the attention of countries all over the world. From September 2013 to August 2016, Xi visited 37 countries (18 in Asia, 9 in Europe, 3 in Africa, 4 in Latin America and 3 in

---

[1] *Xi Jinping: The Governance of China*. 1st ed., Foreign Languages Press, Beijing, October 2014, p.317

[2] *Xi Jinping: The Governance of China*. 1st ed., Foreign Languages Press, Beijing, October 2014, p.319

Oceania), and fully elaborated on the overall framework and basic connotation of the "Belt and Road" initiative. The Silk Road spirit of peace and cooperation, openness and inclusiveness, mutual learning, and mutual benefit, combined with the idea that projects should be jointly built through consultation to meet the interests of all, dispels the haze of "de-globalization" and injects new kinetic energy into the sluggish growth of the world economy. Many countries have linked up their own economic development to the "Vision and proposed actions outlined on jointly building Silk Road Economic Belt and 21st- Century Maritime Silk Road" proposed by the Chinese government.

The "Belt and Road" initiative advocates policy coordination, facilities connectivity, unimpeded trade, financial integration, and people-to-people bond. With the emphasis on infrastructure build-up, economic and trade cooperation, industrial investment, energy resources development, financial support, people-to-people exchanges, ecological environmental protection, and marine cooperation, the initiative has set off a new momentum in investment, trade activity, technological innovation, and production capacity cooperation in the world. In 2016, China led the establishment of the Asian Infrastructure Investment Bank (AIIB), which was joined by 57 member states. As of June 26, 2018, after six expansions, the total number of members increased to 87, and 28 projects had been carried out in 13 countries. The Bangladesh Power Distribution System Upgrade Expansion Project, the Indonesia National Shanty Town Transformation Project, the Pakistan National Highway Project and the Tajikistan Dushanbe-Uzbekistan Border Road Improvement Project have received financial support from the AIIB. The idea of joint project implementation through consultation to meet the interests of all has since turned into reality .

The "Belt and Road" initiative has drawn strong and positive feedback from the international community. On November 17, 2016, the 71st session of the 193 members of the United Nations General Assembly unanimously endorsed the adoption of resolution A/71/9 to welcome the "Belt and Road" proposal, encouraging all of its member states to boost economic development of Afghanistan and the region through participation in the proposed project. In addition, it called on the international community to provide a safe and secure environment for the implementation of the initiative. On March 17, 2017, the United Nations Security Council voted unanimously to adopt resolution NO. 2344, and called on the international community to rally assistance to Afghanistan, and strengthen regional economic cooperation through the "Belt and Road" initiative, etc. It also urged all parties to provide a safe and secured environment for carrying out the program.

In January 2017, President Xi Jinping delivered a keynote speech at the United Nations Office at Geneva titled "Work Together to Build a Community of Shared Future for Mankind," comprehensively and systematically elucidated the fundamental idea of a community with a shared future for mankind, which echoed enthusiastically in the international community and was widely welcomed and highly applauded by many countries, organizations and political parties. At its 34th meeting, on March 23, the United Nations Human Rights Council adopted two resolutions on "economic, social and cultural rights" and "the right to food," which clearly stated the need to "build a community with a shared future for mankind." This is the first time the landmark concept of a community with a shared future for mankind has been incorporated into a UN Human Rights Council resolution, and it has become an important part of the international human rights discourse system.

The "Belt and Road" is not a solo play by China only, but a symphony played in concert with Asia, Europe, Africa and countries around the world. China abides by the purposes and principles of the UN Charter, advocates openness and cooperation, espouses harmony and inclusiveness, supports policy coordination, fosters political mutual trust, builds consensus on cooperation, coordinates development strategies and promotes trade facilitation and the institutional mechanisms of multilateral cooperation. China has joined hands with more than 100 countries and regions to co- create a new Eurasian continental bridge. This has been accomplished by taking advantage of international transport routes that are supportive of the central cities along the "Belt and Road", and building key economic and trade industrial parks as a platform for cooperation. China-Mongolia-Russia, China-Central Asia-West Asia, China-Pakistan, Bangladesh-China-India-Myanmar, China-Indochina Peninsula and other international economic cooperation corridors are progressing smoothly. China Railway Express accentuates trade and shipping overland between China and Europe with a bright future. Meanwhile, key sea ports also serve as the nodes to jointly build a smooth, safe and efficient transportation network, and hence enables a close connection between land and sea routes. Together with the overland cargo train transportation, the frequent cargo ships sailing on the Pacific, Indian and Atlantic Oceans poses an amazing picture. In summary, the relevant resolutions or documents of the Asia-Pacific Economic Cooperation, the Asia-Europe Meeting, and the Greater Mekong Subregion Economic Cooperation program all embody the "Belt and Road" initiative. By bringing together the world's wealth, Silk Road Fund, development finance, and supply chain finance strive to build a green, healthy, intelligent and peaceful Silk Road, and enhance the well-being of people around the globe.

The "Belt and Road" is a grand blueprint that has never been seen in human history. It is also a warm heart line that connects Asia, Africa and Europe to countries around the world. The Silk Road Economic Belt includes China via Central Asia, Russia to Europe (Baltic Sea), China via Central Asia, West Asia to the Persian Gulf, the Mediterranean Sea, China to Southeast Asia, South Asia, and the Indian Ocean; the 21st Century Maritime Silk Road includes from China's coastal ports to the South China Sea as well as the Indian Ocean that extends to Europe and the South Pacific. Friendly exchanges among countries are just a camel-ride and a boat trip away from each other.

In this new era and the great course of renovating the spirit of the ancient Silk Road, President Xi Jinping dedicated to cherish the pioneers of the Silk Road and particularly pay tribute to the founders of the spirit of the ancient Silk Road:

"In ancient times, our ancestors struggled through deserts and sailed in boundless seas to transport Chinese products to countries overseas, taking a lead in international friendly contact. Along that path, Kan Ying, Zheng He and Ibn Battuta were all known as envoys of this China-Arab friendship. Through the Silk Road, Chinese inventions like paper-making, gunpowder, printing and the magnetic compass were spread to Europe, and Arabic conceptions like astronomy, the calendar and medicine were introduced to China.

For hundreds of years, the spirit that the Silk Road bears, namely, peace and cooperation, openness and inclusiveness, mutual learning, mutual benefits and win-win results, has lived on through generations." [1]

There is a Chinese saying that when you drink the water,

---

[1] Xi Jinping. "Promoting the Silk Road Spirit and Deepening China-Arab Cooperation." Key note speech at the opening ceremony of the 6th Ministerial Meeting of the China-Arab States Cooperation Forum, section one, People's Daily, June 6, 2014.

think of those who dug the well. The implication that the Chinese people never forget history is clearly demonstrated in our excellent cultural tradition of commemorating the sages and at the same time looking forward to the future. It also points out the direction and path for the Chinese Biographical Literature Society to participate in the "Belt and Road" initiative.

On the ancient Silk Road, we have never forgotten Zhang Qian's twice diplomatic missions to the western regions in Han Dynasty that include Kazakhstan, the good neighbor Pakistan with high mountains and beautiful rivers, the double-headed eagle across Eurasian country Russia, grassland country Mongolia, Himalaya floating paradise Nepal, Bodhi Ganges blessed country India, cultural treasure Iran, the first Codex System member country Iraq, Red Sea gateway Yemen, oil kingdom Saudi Arabia, the Persian Gulf pearl Bahrain, cedar country Lebanon, Gulf Star Kuwait, desert peak UAE, the Peninsula pearl Qatar, and Oman —the gatekeeper of Hormuz Strait at Persian Gulf, thousand-lake country Belarus, Turkey at the Eurasian crossroads, Israel—

a land flowing with milk and honey, Ukraine of European granary, Italy—the cultural pinnacle of Apennines, Switzerland at the top of Alpine, rose country Bulgaria, and Germany, a nation famous for great thinkers, France, the center of the European culture, the welcoming and comfortable Belgium, tulip country Netherlands, the warm and sunny Spain, as well as the elegant Britain, pyramid country Egypt in North Africa, Ethiopia on the roof of Africa with the national flower of calla lily, the great Vanilla Island country Madagascar, and so on.

Along the Maritime Silk Road, we will come across Malaysia, the country of jungle gardens, garden country Singapore, the Thousand Islands country Philippines, and Indonesia, an emerald on the equator line. Down the Lancang-Mekong River all the way south, we will experience Vietnam whose land moistened by the Lancang-Mekong River, Thailand, the country of thousand Buddhas, the smiling country of Khmer Cambodia, and Laos, the "Land of a Million Elephants." On the Indian Ocean, we will also see the ocean pearl Sri Lanka, the ocean star Mauritius, the rich and abundant Brunei, the freedom seeker East Timor, the idyllic Maldives, and Australia, a country on the back of the sheep, New Zealand, the back garden of God, and so on.

In the countries along the Belt and Road, those ancient and modern figures who have influenced the destiny of mankind, countries and nations for thousands of years and had dealings with China are still seen in today's textbooks, movies and television dramas. Their influence and charm are still felt by generations of young people.

Certainly, for the Chinese people, we are more familiar with the pioneers of the Silk Road. Have we ever remembered? Among the trail blazers of the Silk Road were Emperor Wu of Han Dynasty and his envoys, Emperor Li Shimin, the co-founder of the Tang Dynasty that epitomized a golden age and his countless subjects, the Song imperial court and numerous sages who continued good-neighbor practice and friendly maritime navigation, as well as the Yuan Dynasty warriors who led armored cavalry with shining spears, the Ming Dynasty figures who unified the country, and the Qing Dynasty characters who maintained a clear mind during global turmoil, as well as the modern individuals who, by learning from both the west and the east in a time of rapid change, had the courage to build a sea power nation. There were also the guardians of Dunhuang Mogao Grottoes known as the Silk Road Pearl, the generals who safeguarded the country and helped the neighbors, and the diplomats who convey information and messages between China and foreign countries. Without a doubt, it is our current era that features true heroes. We can not praise highly enough the contemporary people who have been plunging themselves into the development of the new Silk Road.

Hard work pays off, family line continues, wisdom passes on, and history pushes forward! The history of friendly exchanges and traffic between China and the West, which benefits the four continents, for more than 2,100 years has been nonstop. The "Chinese Dream" and "World Dream" in the 21st century have become the chord of our time for humanity's shared future, resounding on the "Belt, and Road." For this reason, in May 2017,

Beijing welcomed thousands of leaders from all walks of life, including heads of government, former eminent statesmen, well-known entrepreneurs, distinguished experts and scholars from the "Belt and Road" countries, as well as leaders of international organizations to attend the "International Cooperation Summit Forum." This grand event of "Thousands of people's meeting" shared "solidarity, mutual trust, equality, inclusiveness, mutual learning and win-win cooperation"[1] and exchanged views on this "great undertaking benefiting of the people of all countries along the route."[2] This is a big day that should be remembered in the history of the Chinese nation and the world.

In the implementation of the "Belt and Road" initiative, the Chinese Biographical Literature Society that devotes to biography

---

[1] Xi Jinping. *Promote Friendship between Our People and Work Together to Build a Bright Future*. Keynote speech at Nazarbayev University in Kazakhstan. September 7, 2013.

[2] Xi Jinping. *Promote Friendship between Our People and Work Together to Build a Bright Future*. Keynote speech at Nazarbayev University in Kazakhstan. September 7, 2013.

writing, takes as its the mission "telling the good stories" of the "Belt and Road," which is also the responsibilities entrusted to us by the state.

Under the leadership of the China Federation of Literary and Art Circles and the guidance of the National Global Strategic Think Tank of the Chinese Academy of Social Sciences, the Chinese Biographical Literature Society, with its love for the family and the nation, a keen spirit of the age and the responsibility of writing decent biographies, by careful research, thorough planning and thoughtful organization, made an unwavering decision to devote itself to organizing and publishing the "The Legend of the People along the Belt and Road nations". These brilliant volumes of biographies tell the stories of nearly a thousand national characters, involving laborious work from hundreds of expert writers who had been writing day and night over years. Our gratitude extends to the China Intercontinental Press, for the publication and distribution. Thanks to their generosity and effort, readers now have the opportunity to read the vivid yet serious and interesting yet enlightened biographies of outstanding people from many nations.

Confucius said, "Humanity is of humans ." Let the brilliant ideas of the wise men of all nations light up our path to explore the future of mankind.

The biographies are written for high ideals. Herein is the introduction.

President of the Chinese Biographical Literature Society
Director of the Editorial Board of
"The Legend of the People along the Belt and Road"
Dr. Wang Li
March 30, 2019

目 录

引 言

01 埃塞俄比亚乱世改革者
——特沃德罗斯二世　　013

02 "战士皇帝"
——约翰尼斯四世　　037

03 现代埃塞俄比亚的缔造者
——孟尼利克二世　　059

04 非洲一代女皇
——佐迪图女皇　　091

05 勇于革新的末代皇帝
——海尔·塞拉西　　109

06 赤脚的马拉松冠军
——阿贝贝·比基拉　　133

07 奥运会长跑界双料冠军
——米鲁兹·伊夫特　　161

08 铁腕政治强人
——梅莱斯·泽纳维　　183

09 永不止步的奔跑者
——海勒·格布雷塞拉西　　203

后　记

Contents

Introduction

The Emperor Who Ended the Era of Anarchy in Ethiopia: Tewodros II 013

The Warrior Emperor: Yohannes IV 037

The Founder of Modern Ethiopia: Menelik II 059

The Only Female Monarch in Africa: Zewditu 091

The Last Reigning Monarch of Ethiopia and an Advocate of Reforms:
Haile Gebrselassie I 109

Barefoot Marathon Champion: Abebe Bikila 133

Ethiopian Running Legend and Two-Time Olympic Gold Medalist: Miruts Yifter 161

Ethiopia's Political Strongman: Meles Zenawi 183

A Non-Stop Runner: Haile Gebrselassie 203

Afterword

引　言

埃塞俄比亚这个毗邻红海的非洲高原之国，曾是郑和六下西洋泊船之处，是古老的海上丝绸之路的重要支点，今天在"21世纪海上丝绸之路"建设中，这个古老的国度和古老的支点再次和中国紧密地联系在了一起。亚的斯亚贝巴这座古老的城市正以其现代的绚丽风采向中国人民展开热情的怀抱。埃塞俄比亚这个古老的高原之国，是人类文明发祥地之一，是非洲古老文明的源泉，也将是"一带一路"建设的亮点。

埃塞俄比亚，全名埃塞俄比亚联邦民主共和国，位于非洲东北部，北邻厄立特里亚、苏丹，东连吉布提、索马里，南接肯尼亚。国土面积110.4万平方千米，境内2/3为山地高原（平均海拔近3000米），素有"非洲屋脊"之称（最高处4620米）。首都亚的斯亚贝巴，是埃塞俄比亚的政治、经济和文化中心，也是联合国非洲经济委员会和非洲联盟总部所在地,素有"非洲政治首都"之称,人口逾400万[1]。埃塞俄比亚的国名来源于希腊语。古代的希腊人在公元前4世纪就知道在埃及南部的一个地区,居住着埃塞俄比亚人。古希腊语中"埃塞俄比亚"是"晒黑了的脸孔""烧面""被太阳晒黑的人聚居的土地"之意。

埃塞俄比亚拥有3000年的文明史,最早生活在这里的是由阿拉伯半岛南部迁入的含米特人,因此它还有一个阿拉伯语名字"阿比西尼亚",意思是"混血人"。埃塞俄比亚直到今天依然有坚持着古老礼俗的部落,有几十年居住在洞穴中的隐士部落,还有戴金属发套、嘴镶赤褐假牙的太阳崇拜者,这些都可以见证这个国家的悠久历史。从公元前975年孟利尼克一世称王,到1270年阿比西尼亚帝国建立,埃塞俄比亚一直是非洲大地上一个独立的帝国。进入16世纪后,西方殖民者相继入侵,埃塞俄比亚经历了几个世纪的战争,保持了相对独立的地位,直到1896年,孟利尼克二世率军征服意军,埃塞俄比亚才真正独立。1974年,

---

[1] 王灵桂,《海丝列国志》,北京:社会科学文献出版社2015年版。

军政府和门格斯图政权发动政变，推翻了塞拉西皇帝，埃塞俄比亚封建帝国结束；12月，"临时军事行政委员会"宣布埃塞俄比亚为"社会主义国家"，实行土地、金融财政机构和工业国有化。1977年2月，门格斯图·海尔·马里亚姆中校发动军事政变，成为"临时军事行政委员会"主席和国家元首。1987年9月，门格斯图宣布解散"临时军事行政委员会"，结束军事统治，成立"埃塞俄比亚人民民主共和国"，并建立新议会，门格斯图出任国家总统和政府首脑。随后，门格斯图政权实行独裁统治。1991年，门格斯图军政权被推翻，埃塞俄比亚才正式引入多党制，创建以民族区域自治为基础的联邦政体。

1994年12月8日，埃塞制宪会议通过第四部宪法——《埃塞俄比亚联邦民主共和国宪法》，1995年8月22日生效。新宪法共11章106条，规定埃塞为联邦制国家，实行三权分立和议会制。总统为国家元首，任期6年。总理和内阁拥有最高执行权，由多数党或政治联盟联合组阁，集体向人民代表院负责。全国现有75个注册政党，其中全国性政党18个，其他均为地方性政党。主要政党有：埃塞俄比亚人民革命民主阵线（简称"埃革阵"，也是如今的执政党）和团结民主联盟党（主要反对党）。其军事力量由三大力量组成：国防军、安全部队和民兵。其中民兵主要配合正规部队作战和维护治安等。

埃塞俄比亚是世界上最不发达的国家之一，以农牧业为主，工业基础薄弱。门格斯图执政时期因内乱不断、政策失当及天灾频繁，经济几近崩溃。埃革阵执政后，实行以经济建设为中心、以农业和基础设施建设为先导的发展战略，向市场经济过渡，经济恢复较快，1992 年至 1997 年经济年均增长 7%。2001 年，以埃厄和平进程取得进展为契机，埃塞政府将工作重心转向经济建设。

2002 年，政府实施可持续发展和减贫计划，先后采取修改投资和移民政策，降低出口税和银行利率，加强能力建设、推广职业技术培训等措施，获国际金融机构肯定。但 2002 年因旱灾严重，经济增长放缓，翌年有所恢复。

2005 年以来，政府实施"以农业为先导的工业化发展战略"，加大农业投入，大力发展新兴产业、出口创汇型产业、旅游业和航空业，吸引外资参与埃塞能源和矿产资源开发，经济保持8%以上高速增长。联合国视埃塞为实现千年发展目标的典范。

2010年,埃革阵在多党议会选举中获胜后,着手制订并实施新的5年"经济增长与转型计划",加强水电站、铁路等基础设施建设。

埃塞俄比亚工业门类不齐全,结构不合理,零部件、原材料依靠进口,2013年工业产值占国内生产总值的9%。制造业以食品、饮料、纺织、皮革加工为主,集中于首都等两三个城市。皮革是第二大出口产品,每年出口收入约5100万美元。农业系国民经济和出口创汇的支柱,2013年约占GDP50%。农牧民占总人口85%以上,主要从事种植和畜牧业,另有少量渔业和林业。2013年,有农业用地1240万公顷。以小农耕作为主,广种薄收,靠天吃饭,常年缺粮。苔麸、小麦等谷类作物占粮食作物产量的84.15%。经济作物有咖啡、恰特草、鲜花、油料等,其中咖啡产量居非洲前列,年均产量33万吨左右。咖啡出口创汇占埃塞出口的60%,其产量占世界产量的15%。埃塞俄比亚是畜牧业大国,适牧地占国土一半多。以家庭放牧为主,抗灾力低,2013

年，产值约占国内生产总值的20%，吸收约30%的农业人口。牲畜存栏总数居非洲之首、世界第十。出口商品主要有咖啡、油籽、恰特草、皮革和黄金，进口机械、汽车、石油产品、化肥、化学品等。主要贸易伙伴是中国、德国、日本、意大利、美国、印度、沙特阿拉伯等。

埃塞俄比亚旅游资源丰富，文物古迹及野生动物公园较多。2013年共接待外国游客18.1万人次，同比增长16%，外汇收入9000万美元。政府已采取扩建机场、简化签证手续等措施促进旅游业发展。

埃塞俄比亚对外关系奉行全方位外交政策，主张在平等互利、相互尊重主权、互不干涉内政基础上与各国发展关系，与邻国、西方国家及阿拉伯国家均建立了友好关系。奉行外交为国内经济服务的理念，积极寻求经济救援，并特别注重借鉴发展中国家，尤其是中国的发展经验。

1970年11月24日，埃塞俄比亚与中国正式建交，1971年互派大使。据我国外交部统计资料显示，海尔·塞拉西一世皇帝（1971年10月）、门格斯图总统（1988年6月）、梅莱斯总理（1995年10月、2004年11月和2011年8月）、海尔马里亚姆总理（2013年6月）、穆拉图总统（2014年7月）等埃塞俄比亚历任最高领导人曾先后访华；中国多位国家领导人也曾先后会见埃塞俄比亚领导人。埃塞俄比亚政府坚持"一个中国"立场，重视对华关系，"愿学习和借鉴中国改革开放和经济建设的经验"。自1970年11月《中华人民共和国和埃塞俄比亚建交联合公报》发布以来，两国已经签有贸易、投资、经济技术、文化合作等多项协定和议定书，为两国关系的健康、持续发展提供了有效的保障。

如果深入这个国度，我们随处可以看到一些能歌善舞、言谈举止大方得体的漂亮姑娘，她们天使般的面容、魔鬼般的身材、诗人般的气质，让外国人惊叹不已。也正因如此，埃塞俄比亚号称非洲"美女之国"。埃塞俄比亚姑娘，棕色皮肤，额头宽阔，鼻梁挺直，牙齿洁白。匀称的弯眉下，明眸如水，在她们身上弥散着阳光少女的清纯和古典之美。美丽的外表可以复制，内在的气质却是一方水土钟灵毓秀的结晶。人类学家指出，埃塞俄比亚盛产美女跟这里自古人杰地灵、文化底蕴深厚、素有"文明礼仪之邦"有很大关系。

但是，埃塞俄比亚妇女在家庭中的地位几乎是全世界最低的。一份由联合国人口基金会发表的报告显示，在埃塞俄比亚，夫妻虽共同生活，但分开吃饭，妻子不能直呼丈夫的名字，家里来了客人则要回避。可能也正是这个原因，追求理想中的爱情，成为埃塞俄比亚姑娘们的一个梦想。埃塞俄比亚的国花马蹄莲，象征幸福、纯洁、永结同心、吉祥如意。它就来源于一个落魄中相遇，为追求理想而分离，却最终长相厮守的美好爱情故事。

相传，埃塞俄比亚在西方殖民者入侵时期，11岁的绍阿公国王子萨勒因国破被俘，并被带到马格达拉，在特沃德罗斯二世的宫廷中长大。一个春光明媚的下午，萨勒策马奔驰在郊区山坡，突然瞥见一个骑白马的女孩，女孩自信的笑容驱逐了他心中的阴霾。他鼓足勇气上前，得知女孩名叫伊莲。他们常常一起骑马，度过了许多难得的自由时光。

萨勒受到马格达拉开创的改革之风熏染，时时和伊莲谈起自己关于民族独立的抱负，但在艰难的理想和甜蜜的爱人之间难以取舍。伊莲说："就算你不在我身边，我也能照顾好自己，如果你为了我而放弃你的理想，我反而会看不起你。"1865年，21岁的萨勒更名孟尼利克，从马格达拉秘密逃走，奔向遥不可及的未来。后在沃洛省盖拉族女首领沃格特夫人的帮助下回到绍阿，宣布继承父业称王，从此他便活跃在埃塞俄比亚的政治舞台上。

伊莲则独自生活，祈祷着萨勒可以尽快回来，陪着她看花开花落、细水长流，但更期盼着萨勒可以实现自己的理想。在离开萨勒的日子里，她常常牵着白马，在他们相遇的山坡信步。她走过的脚印中慢慢生长出绿芽，开出洁白的花朵，那点睛之笔的花蕊，像极了她灿烂的笑容；高挺的茎干，就像她婀娜的身姿；一片片玲珑剔透的叶子，则是她绿色的纱裙。从此，世上有了象征着永恒、高贵、纯净友爱的马蹄莲。

1894年7月，意大利发动侵略战争，面临西方列强入侵的危急关头，削除封建割据、建立统一的中央集权国家，成为埃塞俄比亚民族存亡攸关的首要问题。孟尼利克承担起了这个历史任务，组织和领导了抗意卫国战争，维护了民族独立，也渐渐征服了国内各地的封建割据势力。1872—1896年，帝国的版图扩大了一倍以上，基本奠定了今日埃塞俄比亚国家的版图。1883年，孟尼利克与提格雷国王的公主泰图成婚,更是获得了同盟的支持。1889年,孟尼利克加冕为"万王之王",成为埃塞俄比亚的皇帝,建立了统一的中央集权国家。有一天,泰图王后南下出游路过马格达拉,不经意发现一片马蹄莲花海,那漫天的洁白花朵高雅清香,亭亭玉立,似在耐心等候知音的欣赏。

泰图王后深深为之感动,在这里的温泉旁建立一座房子,并允许贵族们在这里划地建屋。这里渐渐有了城市的雏形。孟尼利克来到这里,看到漫山遍野的马蹄莲花海,心中有种熟悉的感动,突然一匹轻灵洁白的马映入眼帘,恬静地休憩在花海中,往事不禁涌上心头。1896年,孟尼利克将都城南迁,泰图王后为它起名"新鲜的花朵"——亚的斯亚贝巴当地人也把马蹄莲视为民族素洁、纯真和朴实的化身,一致选马蹄莲为国花,欧洲也常把马蹄莲作为新娘的手捧花,在爱人之间传递。

在埃塞俄比亚的咖法省,你会看到遍植全省的咖啡,省会季马市被称为"咖啡之城",咖啡一词就是由咖法演化而来。这里被称为咖啡的故乡,有一个美丽的传说:很久以前有一个牧羊女发现她的羊吃了一种植物的果实后变得非常兴奋，于是尝试采集这种果实煮成茶汤加羊奶饮用，结果发现人喝了也变得神采飞扬。姑娘便送给她的男友喝，两人晚上约会时，男朋友再也不会瞌睡了。1979年，这个地方连同拉利贝拉教堂等4处被列入了世界遗产名录。

此外，每年的9月27日，埃塞俄比亚都要举行盛大的仪式庆祝马斯卡尔节。这个节日起源于基督教的传说。马斯卡尔在埃塞俄比亚的国语阿姆哈拉语中是"十字架"的意思。据说公元326年，海伦王后找到了耶稣罹难时的十字架，基督教徒们为了纪念这个日子，专门设定9月27日为马斯卡尔节，即"十字架节"。公元14世纪时，埃塞俄比亚的皇帝达维想方设法找到了这个十字架的一些碎片，并派人将其迎接回埃塞俄比亚。为了迎接十字架的碎片，达维皇帝在马斯卡尔节举行了一次庄严的宗教仪式，庆祝十字架碎片的到来。由于当时仪式的场面非常隆重，后来就一直延续下来成为一个隆重的民间节日。几个世纪以来，埃塞俄比亚人逐渐以民族风俗代替了马斯卡尔节的宗教色彩，将它变成一个大众性的节日。

9月份是埃塞俄比亚最好的季节，每年连续3个多月的漫长雨季在9月份结束，一望无际的高原上阳光明媚，一片翠绿，到处生机盎然。农民们开始了一年的耕作，开始播种希望。在万花中，一种形状像十字架的黄色的小花遍地开放，一种叫作马斯卡尔鸟的飞禽在四处鸣唱。所以，埃塞俄比亚人又把马斯卡尔节称为"迎春节"。马斯卡尔节还是埃塞俄比亚青年结婚的好日子。有的城市还会在节日期间举行各种形式的民间娱乐活动，有摔跤比赛、赛马、咖啡节等。

埃塞俄比亚历史上有非常多的传奇人物，除了统一全国的孟尼利克二世，以及最后的皇帝海尔·塞拉西以外，还有埃塞俄比亚杰出的领导人、非洲著名政治家——梅莱斯·泽纳维；乱世中的英雄人物特沃德罗斯二世；女中豪杰佐迪图女皇；为埃塞俄比亚的民族独立和统一而奋斗的约翰尼斯四世；长跑界双料冠军米鲁兹·伊夫特；公认的当代最伟大的长跑运动员的海勒·格布雷塞拉西。此外，作为第一个连获两届奥运会马拉松金牌的运动员——阿贝贝·比基拉以他惊人的运动天赋，为自己，更为埃塞俄比亚赢得了无上的荣耀。这些传奇人物用自己的事迹，造就了传奇的国度。

下面，就让我们一起去了解一下埃塞俄比亚吧！

埃塞俄比亚乱世改革者
——特沃德罗斯二世

特沃德罗斯二世（又称提奥多尔二世、西奥多二世，1818—1868年，1855—1868年在位），埃塞俄比亚皇帝，被认为是埃塞俄比亚现代化的先驱。特沃德罗斯二世出身于没落贵族家庭，在教会学校接受教育，在封建割据斗争中逐渐壮大了自己的势力并结束了内乱，重新统一了国家。他改革了传统国家体制，建立了一支现代化军队，使古老的埃塞俄比亚恢复了生机。特沃德罗斯二世试图通过本国自身的努力保持国家的独立和民族的尊严，但因其改革的不彻底和与邻国关系的失误，加之英国的入侵，最终兵败自杀。

01 乱世出豪杰

公元前975年孟尼利克一世称王，公元前8世纪，努比亚王国建立。公元1世纪，在北方的阿克苏姆建立了埃塞俄比亚帝国，史称阿克苏姆帝国，帝国的统治者虽为埃塞俄比亚人,但实际掌控帝国的却是阿拉伯人。4世纪,基督教传入埃塞俄比亚。6世纪中叶,波斯人和阿拉伯人先后入侵,阿克苏姆帝国衰落,为扎格王朝所取代。伊斯兰教和基督教在扎格王朝时期迅速发展。16世纪,奥斯曼帝国和葡萄牙人相继入侵埃塞俄比亚。1632年,埃塞俄比亚统治者顺应国人反对贪得无厌的耶稣教士的呼声,驱逐耶稣教会,并迁都贡德尔。但由于伊斯兰教徒的不断威胁和奥罗莫族的入侵,再加上国家内部的争权夺利,国家秩序崩溃,陷入了"王子纷争时代",国家的权力掌握在一些豪族和各地军团头目手中,国家陷于崩溃的状态。

卡萨·海卢就是在这样的背景下出生和成长的。他就是后来鼎鼎大名的特沃德罗斯二世。他虽然出身贵族,但却由于父亲的早亡而经历了比同龄人更多的磨难。生活的磨砺使得他更懂得了世态炎凉。卡萨从小帮母亲采草药卖,由于家里缺乏顶门立户的男丁,卡萨和母亲经常遭人欺凌,卡萨则选择以自己的拳头回击。没有钱的母亲将他送到修道院学习,但没过多久他就因为把修道院的房子点着而离开了修道院。在修道院的学习虽没有使他成为一个虔诚的基督徒，但却使他熟悉了本国的文字和基督教事务，对世界各国历史也有所涉猎，更认识到了国家的分裂状况。

离开修道院的卡萨过起了居无定所的生活，母亲依旧靠卖草药为生，卡萨没吃没穿，在山林中流浪。为了解决温饱问题，卡萨凭借自己多年在山中采草药熟悉地形的优势，做起了土匪。做土匪的日子卡萨如鱼得水，还抢夺一些资源，组织了一支小小的队伍。大部分时候，卡萨带着他组织的队伍过着自给自足的生活。他本身就是一个普通百姓，不忍心残害和他一样的人，所以虽然被称为土匪，但是在人们看来，卡萨并没有祸害过和他一样的老百姓。

卡萨知道，做一名土匪并不是自己的最终归宿，所以后来遣散了他的小组织，并告诫这些人要学会生存的技能，要做一个善良的人。

随后，卡萨回家找到母亲，表示了自己想要重新开始的想法。卡萨的母亲看到儿子有这么大的转变，十分高兴。他和母亲投奔一个稍有势力的叔父坎福侯爵。叔父看到卡萨的变化后也非常高兴，一口答应让他们生活在这里，并照顾他们的生活。坎福侯爵拥有自己的领地，割据一方，过着比较富足的生活，卡萨母子也安定下来了。

但是好景不长，由于埃塞俄比亚国内政局不稳定，势力更大的豪强戈舒派大兵压境，来抢夺坎福侯爵的领地。坎福侯爵带兵奋死抵抗，卡萨也加入了战斗的队伍，但最后也没能保住自家的领地，坎福侯爵的势力遭到瓦解。

卡萨母子失去了生活的依靠，陷入极端贫困的境地。母亲又过起了挖草药谋生的日子。似乎一切都回到了原点。唯一不同的是，卡萨已经成长了，拥有理想抱负。在坎福侯爵家生活的日子里，他感受到了诸侯割据对国家对人民的伤害，所以结束豪强割据、王侯纷争的想法在卡萨的脑海中逐渐萌生。

"乱世出英雄"，这句话用在卡萨身上再贴切不过了。国内诸侯割据，到处纷争不断。这是一个弱肉强食的时期，卡萨不想成为弱者被别人踩在脚下。可卡萨只身一人，没有任何势力。这时，他想到了在山林中当土匪的那些人，那些人很崇拜卡萨，一直把他当作领袖。而且这帮土匪有战斗的经验，他们又急于改变当下的生活，这对卡萨来说是个绝好的机会。说干就干，卡萨马上联络了当时和自己一起做土匪的那些人，没想到竟然还召回了大部分人，后来又有流浪汉、贫苦的农民加入卡萨的队伍，虽然很多都是没有战斗经验的人，但起码在人数上有了保证。而卡萨自然成为队伍的首领，这样一支混编的队伍也可以暂时称得上是一支军队了。

在队伍里，卡萨的本领突显出来。在叔父坎福侯爵家耳濡目染，他学到了一些管理上的技巧，把队伍管得井井有条，再加上他在修道院接受过严格的训练，这支队伍在他的训练下已经初显规模。由于人数众多，占据一定优势，和一般的诸侯作战时他也有了获胜的信心。因为卡萨并不是封建诸侯的继位者，所以他的这支队伍独具色彩，有别于所有的农民起义军。他们有着明确的作战目标，而且不屈服于任何诸侯。卡萨本人出身于一个没落的封建贵族家庭，虽然他领导的军队中农民占据大多数，但卡萨的身份和农民领袖还是不同的，他是一个具有双重身份的领导人。当整个队伍的战斗力提升后，卡萨统一国家的雄心逐渐显露出来，他的一腔豪情给追随他的战士带来了极大的信心，此后这支队伍的战斗力也得到了印证，他们确实是一支作风顽强的队伍。

这个从小饱受苦难、不安现状的年轻人,终于在这支队伍中找到了自己的使命所在,曾经经历过的辱骂、欺负、流浪、忍饥挨饿都成为他日后统一国家的垫脚石。

02 / 结束诸侯割据

19世纪50年代,埃塞俄比亚正处于战火纷飞诸侯割据的年代。卡萨拥有着远大的抱负,雄心勃勃,这正是他大显身手的时候。

卡萨经常活动的地区是属于埃塞俄比亚最大的诸侯——孟仑皇后的地盘。卡萨的小队伍日益壮大,人数越来越多,装备越来越精良,这给孟仑皇后造成了极大的威胁。孟仑皇后害怕日后卡萨的队伍更加强大,于是匆忙出兵攻打卡萨。她想在卡萨尚未强大的时候将其扼杀在萌芽中,结果她低估了卡萨队伍的实力。由于自身准备不足,再加上战士轻敌,孟仑皇后发动的第一次征讨卡萨的战争以失败告终,这一次也让她真正见识了卡萨这支队伍的厉害。虽然他们在短时间内集结,也没有受过任何正规的训练,但是面对气势汹汹的敌军临危不乱,训练中教过的战略战术在实战中得到了完全的发挥。有些战法虽然不正规,却能重创敌人。这一次给孟仑皇后的部队造成了不小的打击,大大增加了卡萨队伍的信心。这支队伍的硬实力和软实力都得到了验证,军队作战能力和作战信心绝对可以抵挡正规队伍。

孟仑皇后战败后,觉得和卡萨硬碰硬绝对不行,于是打算利诱他。孟仑皇后先授予卡萨一个登比亚总督的职位。她琢磨,如果卡萨成为自己的手下,她的势力将得到扩大,再也不用惧怕其他的诸侯。但是卡萨似乎并不领情。孟仑皇后怕卡萨起兵造反,一计不成又生一计,盘算着把自己的孙女许配给他。卡萨不愿寄人篱下,这不是他想要的结果,所以卡萨一直蓄谋干一件大事。1852年,机会终于来了。埃及人打进了埃塞俄比亚,卡萨想这正是证明自己实力的好机会,所以他派兵攻打埃及人,没想到出现重大失误。

在这一次的反埃及战争中,卡萨带领的队伍失败了。

虽然失败,但是卡萨并没有丧失信心,他重整旗鼓,准备再战,然而却遭到孟仑皇后的冷嘲热讽。当外国侵略者入侵时,孟仑皇后没有和卡萨联合起来共同抵抗,而是在卡萨失败时幸灾乐祸。她派人给卡萨送来了一块牛肉,这对卡萨来说是莫大的侮辱。传统上,在战争结束后,本该送一头牛给卡萨的。孟仑皇后显然是为了挖苦取笑他,认为卡萨不配拥有整头牛,以他现在的职位和实力能得到一块牛肉已经很不错了。这样公然的挑衅让卡萨及其军队都忍无可忍。随即,卡萨宣布摆脱孟仑皇后,自己单独一支队伍,和孟仑皇后彻底决裂。

1852年,卡萨起兵造反,在孟仑皇后所在的领地冈达尔地区展开了殊死搏斗。他鼓励他的战士们,只要抓住孟仑皇后,打败她的军队,就能占领冈达尔地区,他们将拥有全国1/3的领地。战士们斗志昂扬,最终抓住了孟仑皇后。

1853年,卡萨又带领军队再战孟仑皇后的儿子阿里公爵。阿里公爵颇有给孟仑皇后报仇的意味,他视卡萨为眼中钉,卡萨等这一天也很久了。积蓄力量的卡萨早已无坚不摧，很快阿里公爵就和他的母亲会面了，他们都沦为了阶下囚。

每一次战斗的胜利都使卡萨信心大增，他心中想要统一的愿望越来越强烈。他要战胜每一个割据一方的诸侯。随后卡萨向南进攻，南部正是当年战胜他叔父的戈舒侯爵。带着必胜的信念，卡萨带兵南下，虽然打得并不轻松，但还是战胜了戈舒侯爵。最终心高气傲的戈舒侯爵被卡萨俘虏，但他的妻子却逃脱了，这又给卡萨带来了麻烦。戈舒侯爵的妻子占据了一个有利的位置，拒不投降。卡萨耗费了大量的时间和兵力，最终打败了她。

这时，卡萨的敌人只剩提格雷地区的伍比侯爵一个了。伍比侯爵是一个身患风湿病的老头，根本不会构成威胁。1853年，卡萨率军攻打提格雷前告诉战士们，只要发挥出平时的水平，对付伍比这个老头肯定不成问题。伍比侯爵果然不堪一击，很快也成了卡萨的俘虏。伍比侯爵是一个爱财如命的人，战争结束后，卡萨命令士兵们在侯爵家里搜寻财物。士兵们在侯爵家背靠的那座山的山洞里发现了大量的财物，这些财物也被一并缴获。

经过艰苦卓绝的战斗，卡萨终于用实际行动实现了自己的梦想。卡萨加冕称帝，成为特沃德罗斯二世。

面对失败不气馁，面对成功不骄傲，是卡萨在领军作战中体现出来的精神。虽不是战无不胜，但是他总能从失败的战斗中总结经验教训，并且总是通过心理战术鼓励士兵。加冕称帝的卡萨即将开启埃塞俄比亚的新时代。

03 / 完成最后统一

1855年2月5日，卡萨到古城阿克苏姆的玛丽安·德雷斯教堂加冕，从此开始了他统一全国的步伐。当南方的诸侯得知特沃德罗斯二世统一北方后，一个个提心吊胆。他们开始扩充自己的兵力，征集粮食。特沃德罗斯二世驱兵南下，一路向南，取得了压倒性的胜利。首先，战胜了第一个敌人阿达拉·比尔，并且为巩固势力在占领的军事要地修建城堡。他一边南下攻打诸侯，一边巩固自己的势力，他要做到万无一失。

特沃德罗斯二世继续南下，一路上把大大小小的诸侯的领地全部收归自己所有，队伍不断壮大，领地面积几乎包括了整个埃塞俄比亚。到1856年，除了南方最大的诸侯绍阿王外，所有的诸侯全部被打败。特沃德罗斯二世做好了准备，他给士兵们鼓气，告诉他们最后一战即将来临，结束战斗后，全国统一，他们的美好生活即将到来。特沃德罗斯二世与绍阿王展开了激烈的厮杀。最终，绍阿国王惨败，开始了逃亡生活，后在逃亡中患病身亡。

绍阿作为南方最大的诸侯，势力范围极广。虽然领头羊死了，但是残余势力还在，所以特沃德罗期二世不得不乘胜追击，防止残余势力东山再起。他派了自己最信任的人驻守在绍阿王曾经占领的领地，并把王子软禁起来作为人质。1862年，在全国统一的情况下，考虑到南方诸侯的特殊性，他决定把都城南迁。北方政权比较稳定，政权中心南迁后有利于巩固南部政权，利于特沃德罗斯二世的统治。至此，埃塞俄比亚结束了长久的诸侯分裂割据局面。

04 非洲雄狮即将睡醒

统一后的埃塞俄比亚百废待兴，全国人民沉浸在和平和统一的喜悦之中。诸侯割据结束意味着一个新时代的来临，人们要以崭新的面貌迎接他们的新生活。这个雄踞在非洲之角的国家渐渐觉醒了，并以它独有的方式展示着非洲之狮的魅力。一只沉睡中的雄狮即将苏醒，而特沃德罗斯二世就是驯兽师，他轻轻拍打着这头狮子，抚摸着它的皮毛，就像一位慈爱的母亲看着她刚刚生出的小宝宝，眼里满是宠爱，内心又希望他快快长大，希望他变得更加强壮。

结束封建割据后的埃塞俄比亚建立了中央集权的封建王朝，特沃德罗斯二世的当务之急是加强中央集权，将权力收归中央。封建割据的产生就是因为诸侯各自的权力太大，中央政府的权力被削弱，所以他要避免这种情况再次发生，加强中央集权势在必行。

首先，由于全国的统一，他不用再考虑给诸侯多少权力了，现在面临的问题是国内教皇的权力。教会代表人民的信仰，不能完全打压，但也不能给予教会太大的权力，历史上教会造反抢夺皇权的例子不胜枚举。所以特沃德罗斯二世首先限制教权，借着新生国家的名义将皇权和教权重新分配。原来由教会单独享有的土地收归国家，由国家派行政长官统一管理，教会获得土地时也要像普通老百姓一样进行划分，必要的时候国家有权收回土地。而且教会的传教士不再是自由人的身份，教士的生活由国家统一安排。原来教会为了扩大势力收纳教士的行为也被禁止，每座教堂只能按照国家的规定配备教士，不得随意接收教士，教会的土地和人员受到国家的严格控制。特沃德罗斯二世将原来归属教会的权力划分到皇权的范围内，扩大皇权，缩小教权，有力地维护了自己的统治，使中央集权进一步加强。

其次，虽然全国统一，但是特沃德罗斯二世无法事事亲力亲为。为了实现稳定，他在把都城南迁、稳定南方的同时，还建立了地方行政长官制。这些地方长官统一由国家任免，享受国家俸禄，减少他们与地方的金钱往来。而且地方行政长官完全对国家负责，隔断他们与地方的利益往来，防止腐败、官员勾结的现象发生。特沃德罗斯二世可谓费尽心思，他是一位心思缜密的战略家，不能给反叛分子任何机会，他要把所有政治权力掌握在自己的手中。他对地方的政策取得了巨大的成效，割据势力的火焰已经奄奄一息。在教权和地方政权得到稳固之后，特沃德罗斯二世开始了新的改革。

他在缴税制上做了较大的改革。以前整个国家、军队都由农民养活。在战火纷飞的年代，农民的生活本就步履维艰，当遇到自然灾害时，更是雪上加霜。所以，农民养活整个国家、提供国家和军队的粮食是一件很难完成的任务。农民对不合理的赋税制度叫苦不迭。特沃德罗斯二世制定了新的赋税制度，虽然农民仍然作为全国生产粮食的主力军，但是土地分配制度发生了改变。原来教会占据的大量的土地，现在一部分分给了农民，增加了农民占有土地的数量，减轻了赋税的压力。其次国家不再单独由农民交税，农业之外的其他行业也要缴税，农民土地增多，收入增加，缴税减少，特沃德罗斯二世的政策得到了广大农民的拥护。

在土地问题上的优惠政策还远不止这些。在战争割据时期，由于战乱，诸侯的许多土地遭到废弃，特沃德罗斯二世鼓励农民将这些废弃的土地利用起来，重新开垦，这样农民的土地又有所增加。作为一个农业发展大国，当农民问题和土地问题得到有效解决后，国家经济发展就逐步步入一个正常的轨道。

除此之外，特沃德罗斯二世还非常重视国家的经济发展。农业发展步入正轨后，满足国内人员和军队的粮食供应已经指日可待。国家处在一个相对和平的环境中，他鼓励军队中的农民、工人、商人重回岗位。军队中愿意重返土地的农民，特沃德罗斯二世给予了极大的支持。他鼓励商人重操战前的本行，靠自身的努力重振家业。一时间，整个埃塞俄比亚各行各业恢复了繁荣发展的景象。

经济发展如火如荼之时，军队改革也是特沃德罗斯二世十分重视的。军队是保障国家安全的重要力量，他缔造的近代化的强大军队是实现国家统一的基本条件。因此，军事改革不可或缺。军队能有效抵抗外国侵略者，也能防止内乱。当一部分农民、商人回归自己本来的职业后，军队人员发生了变动，正好给特沃德罗斯二世的改革提供了机会。

首先，他实现了统治者对军队的绝对领导，规定军队的领导权掌握在皇帝一人手中。其次,确定了领导权后,他又开始征集士兵,与旧有的队伍进行混编,打破原来军队的旧有模式,为军队注入新鲜的力量。他制定了招募士兵的政策,以保障军队人数。战士们的军饷、待遇都重新规定。最后,他给军队设置了团长,团长由皇帝直接领导,国家统一发放军饷,团长只有领导权,没有带兵打仗权。战时,他又有一套战时的方案,和平时期只实行对军队的训练和管理。在他的领导下,埃塞俄比亚诞生了一支强大的军队。

除了人数和管理上有严格的制度外,军队还需要精良的装备和先进的武器。从国际上进口武器是不可能的,他就命令全国精通武器制作的人积极支援国家建设。他带领人们自制大炮、火枪,这一举动成功地将欧洲人吸引到了埃塞俄比亚,加入他们制作武器的队伍中。欧洲人的加入给他们提供了更大的帮助,埃塞俄比亚的军火库渐渐充实起来,整个军队的建设更趋完善。在特沃德罗斯二世统治的极盛时期,军队人数一度突破15万人,军事实力不可小觑。但是,对于他的军队而言,有一个致命的软肋。他的军队武器购买自西方,而西方并没有把最先进的武器卖给他，卖给他的只是一些快要淘汰的火绳枪和前膛炮。这就造成一个后果，特沃德罗斯二世军队的武器用于国内战争处于优势，而如果相对于殖民者而言，则十分落后。

05 / 悲剧的谢幕

特沃德罗斯二世的改革使得古老的埃塞俄比亚重新焕发了生机，向着近代化国家的道路迈进。但是，殖民主义者们出于自身利益的考量，不能接受一个现代化的强大的埃塞俄比亚。

英国觊觎埃塞俄比亚已久，他们曾派人两次来到埃塞俄比亚。那时埃塞俄比亚处于战争混乱时期。英国人见状大喜，他们认为混乱时期的埃塞俄比亚是抵抗外族入侵最弱的时候，可以趁埃塞俄比亚无力抵抗时侵占它。此后，英国多次派代表进入埃塞俄比亚。当时的绍阿王是最大的诸侯。英国秘密地与绍阿王签订了一项《友好贸易条约》，通过绍阿王在埃塞俄比亚进行贸易，侵占埃塞俄比亚的资源。当绍阿王的势力遭到瓦解，英国又转向了阿里公爵。阿里公爵知道绍阿王曾与英国签订条约并和平共处，他在不顾国家利益、只为一己私利的情况下，和英国签订了《友好通商条约》。英国通过这两位诸侯轻松地为英国商品打开了埃塞俄比亚的大门。英国商品进入埃塞俄比亚销售时一般都不用纳税，个别的实行低额进口税，英国侵略者在埃塞俄比亚尝到商业贸易的甜头，扩大了经商贸易行为。

英国的商业活动引起了特沃德罗斯二世的警觉，他知道国内有许多传教士和商人通过商业活动获得暴利并转移到国外，侵吞国家的资产；他们用传教活动侵蚀埃国人民的思想，达到对人民"洗脑"的目的。特沃德罗斯二世把这一切都看在眼里，他说："我知道欧洲政府想要吞并一个东方国家时使用什么手法。他们先派传教士，然后派领事来支持他，接着便让军队去做领事的后盾。我不是印度斯坦的土王，不会让人这样愚弄。我宁可直截了当地同军队打交道。"

显然特沃德罗斯二世已经识破英国入侵其他国家的伎

俩，所以他表现出了强硬的态度。他的态度对英国入侵者造成了一定的威慑，他们不敢贸然入侵埃塞俄比亚。英国采取了比较迂回的政策来对付特沃德罗斯二世。国家尽管通过特沃德罗斯二世的武力征服实现了统一，但是旧的封建势力、民族、宗教问题仍然存在并杂糅在一起，使得新国家实际上非常脆弱。英国见缝插针，巧妙地利用埃塞俄比亚国家的一系列矛盾。他们支持旧的封建主暗中发展自己的势力，当发展到很强大时就可以对抗中央政府了。英国还巧妙利用埃塞俄比亚与埃及、土耳其等周边国家的矛盾，让埃塞俄比亚处于内忧外患中。他们利用教派之间的矛盾，挑起伊斯兰教徒和基督教徒之间的冲突。教派的冲突往往会涉及人民的信仰问题，当全国人民都参与到教会的冲突中时，英国的目的就达到了，所谓鹬蚌相争，渔翁得利。

特沃德罗斯二世明白英国的意图，他想借助统一的国家进行领土扩张来扩大自己的势力，想实现全国"同教"的愿望，他认为只有这样整个国家才掌握在自己手中，领土扩张后，其他国家才不敢再来侵略埃塞俄比亚。所以他改变了自己的改革策略，把矛头转向国内，他开始向农民征收更高的赋税来弥补军事扩大的需要。这一举措引起了全国农民的不满，他们向往的安定生活没有过上几天就又被剥夺了。

特沃德罗斯二世希望通过对外战争摆脱困境的方法，反而使得自己更加孤立。农民、旧势力、宗教势力都站到了他的对立面。很快，他的统治集团内部发生了分裂，他的重要力量之一的瓦格地区的戈巴兹土司在拉斯塔叛变，并进军提格雷地区。戈巴兹派卡萨男爵治理提格雷地区。后者对戈巴兹土司与特沃德罗斯二世之间的争斗表示中立，似乎"王子纷乱的时代"又要来临。

这一中立便利了英国侵略者的入侵。1868年4月10日，英国趁机派出了内皮尔远征军，由于武器的劣势，特沃德罗斯二世的军队节节败退，放弃了首都，撤到了山上的城堡。他哀叹："我已经失掉整个阿比西尼亚，只剩下这块岩石。"特沃德罗斯二世知道埃军即将战败，劝战士们自己去找活路。4月13日，特沃德罗斯二世的身边只剩十几名战士，他英勇的战马也被炸死了。他来不及悲痛，让战士们赶快搬一些巨石当作城门，然而无力回天。他身边的一名战士又被炸死。特沃德罗斯二世高呼："战士们，我现在解除你们对我效忠的义务，但我本人绝不会落入敌人手中。"说完这句话，特沃德罗斯二世饮弹自尽，结束了自己传奇而坎坷的一生。

特沃德罗斯二世是埃塞俄比亚现代化的先驱。他出身于没落贵族家庭，在教会学校接受教育。与封建割据势力的"所罗门的血统"的统治合法性不同，特沃德罗斯二世起于草莽，在封建割据斗争中逐渐壮大了自己的势力并击败了各个割据势力，实现了埃塞俄比亚的统一。在和平统一的基础上，他对传统的埃塞俄比亚进行了改革，加强了皇权，削弱了地方势力，进行了经济改革，建立了一支现代化军队。他推行的改革使古老的埃塞俄比亚恢复了新的生机。他试图通过本国自身的努力保持国家的独立和民族的尊严。但殖民者不可能接受一个强大而独立的埃塞俄比亚。在外国势力和本国反对势力联合绞杀下，埃塞俄比亚的改革以特沃德罗斯二世的自杀悲剧性地谢幕了。

特沃德罗斯二世统一国家的时间虽短，但他建立的中央集权政府打击和削弱了大的封建贵族和教会势力，缓和了社会的阶级矛盾，有助于恢复经济，符合历史发展的潮流。作为中小封建贵族的代表，他力图改革许多弊政，可是由于本身的局限性，对于弊政的根源却没有改变；没有触动大封建贵族势力在社会、政治、经济中的垄断地位；没有采取有效措施，在较长时间内解决农民的土地问题，减轻农民的赋税。加之在与邻国关系上的政策失误和英国的入侵，导致了他的悲剧。但是，他在强敌面前，毫无惧色，领导军民进行英勇的抗击，最后饮弹自尽。他的英雄事迹赢得了埃塞俄比亚人民的赞扬。他是在埃塞俄比亚历史上起过重要作用的人物，无愧为人民心中的民族英雄。

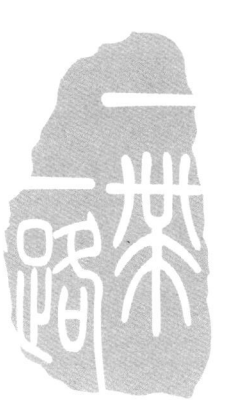

"战士皇帝"
——约翰尼斯四世

约翰尼斯四世（1831—1889年，1872—1889年在位），埃塞俄比亚皇帝，埃塞俄比亚历史上一位坚强、开明的统治者。约翰尼斯四世出生于埃塞俄比亚北部提格雷省默克莱市一个封建主家庭。约翰尼斯年轻时跟随特沃德罗斯二世征战沙场。特沃德罗斯二世被英国远征军打败自杀后，约翰尼斯得到英国支持，依靠着精良的武器军事装备打败各诸侯，于1872年自立为帝。此后，约翰尼斯四世的主要对手是绍阿国王孟尼利克二世，双方苦战了几年后，约翰尼斯四世最终取得胜利，随后其子娶了孟尼利克之女，双方和解。

约翰尼斯四世在位期间，一直在苏丹、埃及、意大利等国的战争中维护本国的独立与完整。在意大利侵犯埃塞俄比亚之时，约翰尼斯四世奋力抗争，取得胜利。1887年，伊斯兰复兴教派马赫迪派武装入侵，洗劫旧都贡德尔，约翰尼斯四世率部攻进苏丹，最终于1889年在梅特马战役中阵亡，结束了他辉煌的一生。

01 含着金钥匙出生

约翰尼斯四世可谓是含着金钥匙出生的。约翰尼斯四世出生于提格雷省。这是埃塞俄比亚北部的一个省,东部是达纳基勒低地,西部是海拔为1500—2000米高的高原,这里属于热带草原气候,一年四季都炎热干燥,这样的气候让提格雷人总是焦躁难耐。这也是一个贫富差距极大的省,就像它的地势一样。

1831年7月11日,在提格雷省首府默克莱城的一条街上,有一户封建地主家的女主人正在经受煎熬,所有人都在焦急地等待。终于一声啼哭划破长空,男主人的脸上露出了微笑,女主人为这个封建贵族大家庭诞下了一名健康的男婴,他就是约翰尼斯四世。自出生后,他就被百般呵护着。

约翰尼斯渐渐长成了一个聪明可爱的男孩。在仆人的精心伺候下,约翰尼斯每日都会按时起床、吃饭以及学习文法、射骑、音乐等。

约翰尼斯的父亲非常注重他的学习和性格培养，总要在百忙之中检查他的功课，考查他的射骑水平，这使得约翰尼斯从小就博学多才，认真坚强。除此之外，约翰尼斯从小就在父亲的影响下，反应敏锐，聪慧过人。一次，约翰尼斯与一位老仆人去爬山，一不小心走了岔道。他立即就意识到自己孤身一人可能会发生危险，但并没有慌张和不安，而是经过冷静的思考之后，凭着自己超人的记忆力原路返回，自己独自回到了家中。每个周末，父亲都陪他一起在自家的草地上练习射箭、骑马等，在练习中，父亲对约翰尼斯严格要求，总是为他设置一个超乎他现有能力和水平的挑战任务。最初，小约翰尼斯因为完不成任务急得大哭，并喊着要放弃。在父亲的耐心劝导下，小小的他又一次开始努力完成父亲布置的任务。就是在这一次次任务的完成中，约翰尼斯不仅娴熟掌握了射骑技巧，还养成了坚毅勇敢的品格。每次出席贵族社交活动时，他都被父亲的朋友们称赞不已，这也使得约翰尼斯越来越自信。终于，约翰尼斯长成了一个英俊帅气、英勇无敌的小伙子。他告诉父亲自己想去当兵，成为一名军人，于是他进入了一所军事学院，很快从一名士兵晋升为中校、上校，在军中职务不断上升，并被国王赏识。

生于封建主家庭的约翰尼斯，不仅从小享受着贵族生活，养成了贵族气质和绅士品格，还随着父亲出游国外，形成了他宽广的视野。自幼接受封建主家庭的熏陶和贵族教育，使得约翰尼斯四世博学多才、见多识广，养成了坚强、勇敢的性格。这为他后来成为埃塞俄比亚的统治者奠定了基础。

02 再次完成统一

特沃德罗斯二世战死后，埃塞俄比亚又回到诸侯割据的分裂状态。不过，这种状态没有持续多久。这时占据埃塞俄比亚政治舞台的主要有三股势力：一支便是提格雷总督卡萨·梅查，他控制着埃塞俄比亚北部的提格雷地区，并于1872年在阿克苏姆古城加冕为"众王之王"，称号为约翰尼斯四世；一支是控制着埃塞俄比亚中部高原的特克拉·吉奥吉斯；还有一支是控制着南部绍阿地区的萨尔·马利安。萨尔·马利安曾被特沃德罗斯二世因于马格达拉平顶山，后来在英国人进攻平顶山之前逃出，返回绍阿并称王，称为孟尼利克王。这三支力量互相攻伐，争夺地盘，互有胜负。1871年，特克拉·吉奥吉斯的军队被约翰尼斯四世的军队打败，从此，约翰尼斯四世控制了整个北方地区。埃塞俄比亚出现约翰尼斯四世与孟尼利克二世南北对峙的局面。

国家相对安定后，约翰尼斯四世继续施行加强中央集权的政策。在他统治期间，通过向公开或私人的欧洲代理商购买武器，埃塞俄比亚的武器和弹药物资大量增加。当时，欧洲国家纷纷开始了向非洲的殖民，出现"殖民狂潮"。据说，约翰尼斯四世与一些欧洲国家签订了中立和友好的条约，欧洲国家则送给他许多装备作为回报，其中包括6门迫击炮、6门榴弹炮和与之相匹配的400枚炮弹，854支步枪和刺刀，4万发子弹和28桶炸药。军事实力的增强使约翰尼斯四世在许多军事冲突中取得胜利。约翰尼斯四世将自己的统治范围从提格雷地区一直向西推进。

"战士皇帝"——约翰尼斯四世

尽管约翰尼斯四世利用一支强大的现代化军队可以将自己的霸权扩大到王国的大部分地区,但他最显著的成绩是外交领域。他最终与埃及签订一项和平条约,并与这一地区殖民实力最强的英国签订贸易协定。19世纪欧洲列强争夺非洲大陆时,约翰尼斯四世因其阻止欧洲势力进入埃塞俄比亚,而成为欧洲列强在非洲之角必须考虑的一支重要力量。

1869年苏伊士运河开通后,对红海沿岸的控制权成为运河区当地政权与外国势力之间相互争夺的一个重点。结果,奥斯曼土耳其人、埃及人、英国人,以及意大利人,都对埃塞俄比亚的部分领土提出了要求。

埃塞俄比亚外患不断。先是埃及在英国的怂恿下向非洲之角地区扩张,对埃塞俄比亚形成包围之势。后是苏丹发生马赫迪起义,因英国的挑拨离间,导致了埃塞俄比亚与苏丹的战争。约翰尼斯四世还未来得及巩固其统治,就被拖入一连串的战争之中。

19世纪中叶,埃及人向南方扩张,占领了苏丹及周围大部分地区。1846年,埃及人从奥斯曼帝国军队手中夺得了马萨瓦港，继而向北方的哈马锡恩和阿卡拉—古宰、西北部的科伦和东部的哈拉尔挺进。到1872年，埃及人已经控制了厄立特里亚大部分地区。到1875年，由外国顾问指挥的埃及军队对埃塞俄比亚形成三面合围：一路从索马里登陆，占领哈拉尔，并在那里统治了10年之久；一路从马萨瓦登陆，占领厄立特里亚高原的克伦镇；另一路从吉布提港登陆，但在向内地挺进的过程中遭遇约翰尼斯四世的部队。

在1875年11月的贡德特战役和1876年3月的古拉战役中，约翰尼斯四世击败埃及军队。另一次战役中，一支装备有来复枪的65000人的埃塞俄比亚军队击溃了一支在英国支持下装备精良的15000人的埃及军队。约翰尼斯四世缴获了约2万支被称为"雷明顿"的当时最先进的来复枪和数量相当可观的火炮、马匹、骡子、骆驼和食品。约翰尼斯四世让俘虏给埃及的统治者带去了口信："伊斯梅尔，这些就是你的士兵！如果你的后宫还要更多的太监，就把你剩下的军队都赶到我这里来吧。"约翰尼斯四世的军队经过几年的苦战终于打退了埃及军队的进攻。埃及人从高原撤退了。约翰尼斯四世向南进军,准备解决埃塞俄比亚的内部问题。

1873年,绍阿的某些反叛分子到约翰尼斯四世那里避难,这为他提供了干涉的借口,他借此要求孟尼利克二世归顺。经过一场速战速决的战斗,1878年,孟尼利克二世弯着腰把约翰尼斯皇帝的脚捧到自己的背上。这是表示归顺的传统仪式,它标志着约翰尼斯四世已经胜利地统一整个埃塞俄比亚国家。

约翰尼斯四世与特沃德罗斯二世不同,他愿意承认藩属国王在本地的封建特权,只要他们接受他的至尊地位。这种态度可能是迫于形势的权宜之计。在他的统治下,封建割据复活了,而这种封建割据是特沃德罗斯二世王朝以前使埃塞俄比亚衰弱的重要原因。

关于孟尼利克二世和约翰尼斯四世之间的初步谈判,埃塞俄比亚流传着一个有趣的故事。据说孟尼利克二世出钱雇用了一个青年人(有人说是雇用了3个真正的隐士)化装成教士到约翰尼斯四世的"流动朝廷"去。约翰尼斯四世问这个骗子,上帝是否允许他摧毁绍阿。他得到的回答是:"是的,你可以征服绍阿,但是如果你毁灭它的话,你就不会进天堂。"据说这个警告令虔诚的约翰尼斯产生了深刻的印象，因此他同绍阿的孟尼利克王达成了协议。

约翰尼斯四世和孟尼利克二世也按照惯例安排了一次王室间的通婚，以此来确认双方解决争端的协议。约翰尼斯四世唯一的合法儿子阿里亚·塞拉西公爵同孟尼利克以前的一个盖拉族妻子生的女儿佐迪图订了婚约。当时的阿里亚和佐迪图都还是小孩子。

孟尼利克二世被迫向约翰尼斯四世称臣，以换取后者承认他的绍阿国王地位和在南方的行动自由。至此，埃塞俄比亚又回到了形式上的统一状态。

03 / 面对列强入侵危机

尽管约翰尼斯四世继续宣称他的领土直至大海，但他仍未夺回出海口的控制权。而实际上约翰尼斯四世统治下的埃塞俄比亚，从东西两个方面受到了入侵的威胁。

"战士皇帝"——约翰尼斯四世

东方的威胁来自海边。通常1884年至1885年的柏林会议被看成殖民帝国主义时代的开始。在整个非洲大陆，只有埃塞俄比亚没有被列强瓜分。意大利在这一时期开始从它的沿海殖民地向内陆扩张。埃及在苏丹的统治下垮台了，它在"非洲之角"的权力也因而垮台，但是法国人、英国人和意大利人却占领了"非洲之角"的各个港口。意大利人占领了阿萨布和天然港马萨瓦。

英国人默许了意大利人占领这些地方。外交使团和阴谋活动的时代开始，并成为下一代皇帝统治时期的特征。英国无疑在鼓动意大利对非洲东北部的野心，因为他们害怕法国在尼罗河谷的扩张。还有一点值得重视：约翰尼斯四世是在伦敦设立领事馆的第一个埃塞俄比亚皇帝。

西方和北方的威胁来自陆地。在约翰尼斯皇帝统治下，靠近西部边界的沃尔德·米海尔公爵还继续保持埃塞俄比亚封建诸侯的分离主义和割据的传统。但是，一个新的严重事态却是在西部边界之外的地方出现的：伊斯梅尔总督和戈登将军的权力和个人威望消失之后，那里出现了权力真空。

1881年1月，早就对压迫、贫穷和埃及军官的腐化感到厌倦的苏丹人民,终于起来造反了。他们还从穆罕默德·艾哈迈德·伊本·阿本德·阿拉,即马赫迪或"救世主"领导下的伊斯兰教复兴运动中得到鼓舞——他自称是穆罕默德的后裔,并且再次宣布"圣战"。这就是著名的苏丹马赫迪起义。

1881年6月,穆罕默德·艾哈迈德在阿巴岛宣布起义。他宣布自己是伊斯兰教的救世主"马赫迪",要建立真正的平等和正义,号召人民起来进行"圣战",把叛教徒(土耳其人、埃及人)和异教徒(英国人和其他欧洲人)赶出苏丹。他宣称"废除不堪负担的苛捐杂税,真主面前人人平等"。

1881年8月12日,苏丹总督派遣一支部队偷袭阿巴岛,企图把马赫迪起义扼杀在摇篮里。凌晨3点,马赫迪闻讯后,当机立断,决定举行起义。起义者拿起棍棒,奔出村子,迎击敌人。共击毙敌士兵120人,军官6人,残敌狼狈逃走。阿巴岛战斗的胜利,揭开了马赫迪起义的序幕。

阿巴岛起义的第二天,马赫迪带领起义队伍,渡过尼罗河,在山岭起伏的卡迪尔山区建立了根据地。以贫苦农民为主力的起义军队,作战非常勇敢,多次打败英、埃军队。1882年6月,用长矛和短剑武装起来的安萨尔军队在欧拜伊德附近击溃了一支7000人的埃及军队并缴获了他们的枪支弹药。1883年初，攻克乌伊拜德城，完全解放了科尔多凡省。

在绞杀了阿拉比领导的抗英斗争以后，英国决心扑灭马赫迪起义。由老牌殖民者希克斯率领的1万远征军，向乌伊拜德反扑。11月初，起义军将希克斯远征军包围在乌伊拜德附近。4日，起义军整夜发动佯攻，消耗敌人兵力。5日，远征军排列成三个方阵，左右两翼配备骑兵，企图突围。起义士兵奋勇杀敌，把敌人的3个方阵变成了3堆死尸，希克斯被击毙，1万远征军得以生还者仅250人。

英国在损兵折将、连遭失败的情况下，重新起用已经退职的戈登，任命他为苏丹总督。戈登大言不惭，声称"击溃马赫迪是一桩比较容易的事"。1884年2月，戈登走马上任。一方面，戈登认为必须组阻止马赫迪运动的扩散，并建议英国出兵镇压起义。英国首相威廉·格莱斯顿（1868—1894年间任英国首相）决定派遣加尼特·约瑟夫·沃尔斯利勋爵（1833—1913年）。另一方面，为博得苏丹人民的好感和瓦解起义军，他假惺惺地许诺租税减半，欠税豁免，声称苏丹将由苏丹人治理，妄图建立一个脱离埃及而由英国直接控制的"独立"的苏丹国，并把赤道省和加扎勒河省并入英属东非领地。但是，这些阴谋都破产了。1884年3月起义军绕过喀土穆，切断了它通往埃及的道路。

由于宗教信仰的原因，约翰尼斯四世非常关注马赫迪运动的发展。但是，出于对抗欧洲的共同需求，约翰尼斯四世向马赫迪提出了共同对抗欧洲的结盟请求。但由于宗教的原因，他的提议被拒绝了。

04 / 抗击意大利侵略

马赫迪运动的政治和经济影响，同法国和英国在整个上尼罗河地区的帝国主义野心发生冲突。因此，这两个国家焦急地注视着运动的发展，特别是因为当时埃及已无法控制局势，正在蹒跚地走向革命。当埃及爆发革命时，英国进行了干涉，从而开始了它对埃及的"暂时"占领。这种占领在20世纪中延续了许多年。不久，英国在同马赫迪运动的斗争中又遇到了越来越严重的困难，因而它再次看到同约翰尼斯四世达成协议的重要性。

英国的休伊特海军少将拜会了约翰尼斯四世。约翰尼斯四世更关心的是如何使埃及人从埃塞俄比亚撤退。埃及人当时统治红海和亚丁湾非洲一侧沿海的许多地区以及邻近的内陆地带，包括马萨瓦港和哈勒尔城。埃及于1882年被英国占领，当时正面临苏丹马赫迪的起义，这次起义使得英国于1883年决定将英国和埃及的军队撤出苏丹。在这种情况下，埃及在整个红海和邻近埃塞俄比亚的亚丁湾地区的统治土崩瓦解了。由于几个有埃及驻军和欧洲居民的苏丹城镇被马赫迪分子包围，英国决定请求约翰尼斯四世帮助他们撤离。

约翰尼斯四世同意给予支持，但是他也提出了条件：最近被埃及占领的沿苏丹边境的领土应该归还给他。他还要求控制马萨瓦。他的第一项要求被认可了，但是对于马萨瓦港，英国只答应"在英国保护下"，埃塞俄比亚的货物，包括武器和军火都可自由转运。

1884年6月3日，他们在阿克苏姆签署了两个条约：一个是禁止奴隶贸易，另一个是两国结成联盟反对苏丹马赫迪运动。条约规定：约翰尼斯可以把西北部原来由埃及统治的波哥斯（现在是厄立特里亚的一个区）收归埃塞俄比亚；交换条件是要阿卢拉公爵解救埃及在苏丹的几处驻军。

随后，埃塞俄比亚著名的战将阿卢拉公爵解除了苏丹6处被围困的要塞。戈登和其他人都丧了命。这些驻军的武器、弹药和军需物资都交给了埃塞俄比亚人。

然而，英国和埃塞俄比亚之间协议是短暂的，因为意大利人于1885年2月3日占领了马萨瓦。他们这样干是得到英国默许的，英国赞同意大利的扩张，希望以此来遏制瓜分非洲的主要对手法国的扩张。负责占领的意大利军官卡伊米海军少将向居民宣布，这次行动是取得英国人和埃及人的赞同的，并且许诺说："对你们的贸易，我不会设置任何障碍，相反，我的全部努力的目标就是促进贸易。"可是这项声明很快就被证明毫无价值，因为意大利人很快就终止向约翰尼斯四世提供武器，并且积极向内地渗透，一直到达萨哈蒂和维亚两村。

意大利对埃塞俄比亚觊觎已久。1869年，一名意大利的托钵传教士朱塞佩·萨佩托，花了6000玛丽亚·特里萨元从一个当地苏丹手中购买了红海港口阿萨布。这个港口后来成为意大利一家私营航运公司鲁巴蒂诺公司的财产，并于1882年被宣布为意大利的一块殖民地。

面对意大利的渗透，阿卢拉公爵提出了抗议，但是意大利人的回答却是在争议地区加强设防，并派出更多的军队。这支军队于1887年1月在多加里遭到了阿卢拉公爵的阻击，侵略者不得不撤出萨哈蒂和维亚，但他们借口埃塞俄比亚军队在多加里"屠杀"，封锁了一切向埃塞俄比亚运送给养的航运。

意大利人同约翰尼斯四世之间的战争似乎迫在眉睫，但是前者急于想避免艰难的山地战，劝说英国从中进行调解。一名英国外交官杰拉尔德·波特尔爵士被派去会见约翰尼斯四世，要求他同意让意大利占有萨哈蒂和维亚以及塞纳希特或博戈斯地区，后两者是埃及人于1884年割让的。

当这些建议宣读后，约翰尼斯直截了当地回答说："对于所有这些建议我绝不答应。根据与休伊特海军少将签订的条约，所有埃及人撤出的、位于我国边境上的地方，在英国的主张下全都转让了给我们，而现在你们却要我们重新放弃这片土地。"他对于英国违背条约非常愤怒，并写信给维多利亚女王提出抗议。

面对意大利的侵略和英国的背信弃义，约翰尼斯四世试图唤醒全国来反对意大利。约翰尼斯给维多利亚女王的信中写道："你怎么能说我应当把耶稣基督给我的国家交给他们呢？！你给我这样的命令是不公正的。如果你想在我们和他们之间缔合，那应该是当他们留在他们的国家，而我们在我们的国家的时候。但是现在双方都已经剑拔弩张；我的士兵众多，长矛已经备好。意大利人想要战争，但是力量在耶稣基督那里。让他们爱怎么干就怎么干吧，只要我活着，就不会藏在洞里躲避他们。"陪同英国代表团去埃塞俄比亚的奥古斯塔斯·怀尔德形容说，维多利亚女王给约翰尼斯皇帝的信，是"极为豪华的文件，然而很风雅，信封是天鹅绒的，字用金线绣成"。怀尔德还颇不以为然地注意到"有一个希腊领事老是赖在皇帝住所的周围"。在约翰尼斯四世的领导下，1887年1月和12月，意大利军队的两次入侵均被击败。

05 永远的"战士皇帝"

苏丹马赫迪运动的推进给埃塞俄比亚带来了更严重的威胁。1887年,6万人的安萨尔军队入侵埃塞俄比亚,向东一直挺进到埃塞俄比亚西部城市贡德尔。埃塞俄比亚军队出兵迎击,在库菲特击败了他们。在那次战役中,埃塞俄比亚的阿卢拉公爵亲自带头进行决死的冲锋,高呼:"这次我们不战胜,就战死。"

苏丹方向不断对埃塞俄比亚的西部发起攻击。西部战线戈贾姆王国的军队在塔纳湖以北打了败仗,国王的几个亲属被俘。苏丹军队继续前进,烧毁了冈达尔城。这时塔克尔·海马诺特王很生气,他曾经希望从约翰尼斯四世那里得到援助来反对苏丹军队。在唆使下,他造反了。约翰尼斯的威信受到了打击。虽然他制服了戈贾姆的叛变,但部队的元气大伤。

约翰尼斯派了一个代表团去见苏丹的哈里发,或许是为了媾和,或许是为了试探哈里发的实力。但是,他得到了一个讽刺的回答，苏丹的哈里发阿卜杜拉要他信仰伊斯兰教，还拒绝了同埃塞俄比亚缔结和平条约。这使他下定决心对付苏丹的威胁。

此时，埃塞俄比亚大部分地区都团结在约翰尼斯的旗帜之下。他显然希望在西部取得最后的胜利，以便腾出手来对付意大利人并保持国内的统一，因为他事前曾派人把他即将进攻的消息告诉苏丹的哈里发，"以便把尽可能多的人集中到加拉巴特，接受他们所应得的惩罚"。

1889年3月，约翰尼斯四世亲率15万埃塞俄比亚军队挺进苏丹的加拉巴特。约翰尼斯四世亲自主持中路，曼加夏公爵和阿卢拉公爵指挥一翼，米海尔公爵和塔克尔·海马诺特王指挥另一翼。

苏丹的军队在加拉巴特的工事很坚固，但是约翰尼斯的持续进攻突破了它的外围。在进攻的过程中约翰尼斯四世遭遇了伏击，他的手臂和腹部受伤。受伤后，他继续指挥作战，最终因伤势严重不治而亡。

约翰尼斯四世受伤的消息传开之后，获胜的埃塞俄比亚军队动摇了。他们没有攻破内堡，只是带着缴获的物资撤退了。在这以前,约翰尼斯四世的儿子阿里亚公爵已经中毒死去。公爵们的注意力转到了棘手的皇位之争。

由于埃塞俄比亚的军队完全瓦解,苏丹阵营中的少数幸存者竟能打垮带着皇帝尸体向山区撤退的一小批卫队。为了便于运输,尸体被分割成两半。皇帝的叔父是一个年近八旬的公爵,他用尽全部弹药之后,站在棺材上面用剑和盾牌进行战斗,被人用矛从背后刺死。皇帝的尸体和宝剑被带到苏丹的哈里发那里,这是对于他在战争中丧失军队的小小安慰。

1889年,约翰尼斯四世临死前向围在他床边的将军们确认曼加夏公爵是他的儿子。约翰尼斯四世死后,绍阿的孟尼利克自立为皇帝。然而各个王族之间和各个王国人民之间的对抗,却并没有减弱。

约翰尼斯四世身处一个大变动的时期。一方面,埃塞俄比亚从过去的封建诸侯割据的时代正在转向统一和现代。他用武力在形式上统一了埃塞俄比亚的各大政治集团,客观上稳固了特沃德罗斯二世的短暂统一,为日后现代埃塞俄比亚的形成确立了一个地理的基本轮廓。另一方面,世界范围内帝国主义在第二次工业革命的推动下逐渐形成，殖民主义也产生了相应的变化，出现了"瓜分非洲"的狂潮。同时，约翰尼斯四世作为一位信仰基督教的皇帝还要面临来自西部的苏丹的威胁。在这样的内忧和外患的双重压力下，为了给战争提供充足的资金，他没有为自己修建宫室，将大部分的国家收入投入战争。在时代的塑造下，约翰尼斯四世最终在1889年战死沙场，成为一名永远的"战士"，被人尊称为"战士皇帝"。此后不久，他所代表的北方势力也逐渐淡出了政治舞台。

约翰尼斯四世一生都英勇善战，敢作敢为，不畏强敌，他也正因为坚强不屈的性格，被后世所赞扬和纪念，成为埃塞俄比亚人民心中永远的民族英雄。

现代埃塞俄比亚的缔造者
——孟尼利克二世

孟尼利克二世（1844—1913年，1889—1913在位），非洲历史上最伟大和最有成就的统治者之一、现代埃塞俄比亚国家的缔造者、埃塞俄比亚皇帝，埃塞俄比亚民族英雄。第一次意大利埃塞俄比亚战争中埃军的组织者和领导者。原名萨勒·马利安，出生于埃塞俄比亚绍阿的安哥捷拉，为绍阿公国国王之子。他11岁时被俘，在特沃德罗斯二世的宫廷中长大，受到特沃德罗斯二世改革的熏染。21岁时他秘密逃走，回到绍阿省，宣布继承父亲的帝位。1889年，他统一埃塞俄比亚，成为皇帝。1894年，意大利入侵，孟尼利克二世以充分的准备将其击退，之后埃塞俄比亚在国际上的声誉大增，并与多国建立了外交关系。晚年的孟尼利克二世身染重病，后中风瘫痪，丧失说话的能力，最终在1913年的宫廷政变中去世。孟尼利克二世在位48年，维护了国家统一，在政治、经济、工业等方面均做出了积极的变革，虽然他最终没有实现富国强兵的愿望，但是对埃塞俄比亚的发展起到了积极作用。

01 / 从俘虏到"万王之王"

1844年8月17日,孟尼利克出生在一个十分富有的贵族家庭,可以说是含着金汤匙出生的。他的父亲米利克斯是埃塞俄比亚南部的绍阿地区实际上的统治者,人称绍阿国王,孟尼利克从小就生活在父亲的庇护下,不曾经受过任何的磨难。

他无忧无虑地生活着,直到当时还未称王的冈达尔国王卡萨,即后来的特沃德罗斯二世,出兵攻占绍阿并俘虏了他。从此以后,他的人生出现了天翻地覆的变化。

孟尼利克被绳索捆绑着,带着木枷,跟随战俘穿过山间峡谷的羊肠小道,被押送到马格达拉要塞。当时他才只有11岁。

经历了几天犹如野兽般的生活,这支战俘队伍终于到了马格达拉。其他成年战俘不是被充为奴隶,就是下落不明。孟尼利克因为没有成年,便被卡萨关进了监狱。卡萨想以这种办法警告绍阿国的盖拉族人,他们若敢反叛就等于宣判王子的死刑。

从衣食无忧到衣不蔽体,从金碧辉煌的宫殿到黑漆漆的牢房,再也没有佣人的前呼后拥,再也没有家人的关心呵护,再也没有朋友间的嬉笑打闹。孟尼利克就这样度过了10个漫长的而失去自由的年头。

在这期间,特沃德罗斯二世逐步统一了埃塞俄比亚各地方势力,实施了一系列的改革,发展军工业,聘请德国人作为技术顾问,改革过去的行政体制,古老的埃塞俄比亚焕发出了新的生机。都城马格达拉出现了商贾云集、市场繁荣、社会稳定、各国人士往来的景象。

在这期间,孟尼利克从一个少年开始成长为一个体格健壮的青年人,并亲身体会到了古老的埃塞俄比亚在这位与自己有"杀父之仇"的皇帝的统治下,从一个落后的国家逐步向上的势头。

孟尼利克没有就此自暴自弃,监禁的生活使他奋发图强,王世家族的血统激发了他报效祖国的决心。孟尼利克深知人民疾苦,心系国家,以建设祖国为己任。统一国家、富国强兵的想法在他心中悄然萌发。

特沃德罗斯二世在埃塞俄比亚开始推行"同教"政策，排斥犹太教和伊斯兰教，想建立神人合一的基督教非洲帝国，并开始积极扩军备战，恫吓埃及属国苏丹。为了扩军备战，特沃德罗斯二世在国内开始追加苛捐杂税，引起人民群众的不满。一天，与孟尼利克父亲的莫逆之交的沃洛省盖拉族女首领沃洛特夫人，偷偷地派人到马格达拉看望孟尼利克，同他进行了秘密谈话。包括沃洛特夫人在内的一些昔日诸侯国的首领们，打算乘机把相当多的农民群众拉到自己一边，借孟尼利克这位王太子的影响号召盖拉族人联合起来。1865年，沃洛特夫人认为起事争雄时机成熟，立即派人秘密前往马格达拉，帮助孟尼利克逃出了特沃德罗斯二世的监视，回到了他出生的地方绍阿省安哥捷拉。孟尼利克回到故乡后宣布继承父亲的王位，史称孟尼利克二世。此时，他刚满21岁。

很快，由于英国的干涉，特沃德罗斯二世的改革以他的自杀宣告失败。1872年，北方的提格雷总督卡萨·梅查加冕为"万王之王"，史称约翰尼斯四世，开始了用武力统一埃塞俄比亚的进程。1873年至1878年，孟尼利克二世与约翰尼斯四世之间经过一系列的争夺后，孟尼利克最终弯着腰把约翰尼斯皇帝的脚捧到自己的背上。这是表示归顺的传统仪式。孟尼利克二世与约翰尼斯四世也达成和解，被封为绍阿之王，地位仅次于约翰尼斯四世。

此后，约翰尼斯四世和孟尼利克二世分别在北方和南方各自发展。1872—1896年间，孟尼利克二世通过征服东北部地区而使他统治下的领土扩大了一倍，所征服的面积与欧洲国家占领的非洲领土面积差不多。他通过军事和外交策略相结合的手段夺取了加兰地区、苏丹的哈拉尔地区、沃莱加的一些地区、威拉莫、吉姆纳、卡法和贡姆纳地区，这些地区或被合并，或以政治联盟的形式成为基督教埃塞俄比亚的一部分。

约翰尼斯四世在对苏丹的战争中不幸中弹去世，他的统治旋即土崩瓦解。孟尼利克二世立即宣布自己为"万王之王"，开启了以南部为中心重塑现代埃塞俄比亚的进程。

孟尼利克曾是一位俊朗的少年，身高1.8米，拥有黑皮肤，笑起来露出一排洁白的牙齿，亮得让人挪不开眼，肤色和牙齿形成鲜明的对比。曾几何时，他令万千少女倾倒，用"高富帅"来形容他再贴切不过了。执政的孟尼利克雷厉风行,事必躬亲,好似一个高速旋转的陀螺,不知疲倦。孟尼利克的一生给人印象最深的是他对近代化的追求和对国际状况的洞悉。

关于孟尼利克对现代化的追求,从一台小小的缝纫机即可看出端倪。有一次,孟尼利克托一位朋友帮他购买一台缝纫机,由于运输距离较远,缝纫机是以零件的形式运到朋友手中的。朋友拿到缝纫机后,开始帮孟尼利克组装,孟尼利克等了好久,结果,朋友的屡次尝试都以失败告终,不得已把缝纫机的零部件全部拿给了孟尼利克。孟尼利克二话不说,开始研究每一个零部件的功能和用途,废寝忘食,如痴如醉。朋友见到后,不忍打扰他,悄悄地走开了。结果,孟尼利克一夜都没有休息,第二天早上,朋友专门请了帮手过来,看到的情景却使他们大吃一惊。经过一整夜的无休无眠,孟尼利克把缝纫机全部组装完毕了,并能正常工作。这简直太了不起了,众人都佩服孟尼利克的聪明才智,对他赞不绝口。除此之外,孟尼利克还从国外进口了许多机械,如自动锯、碾石机和石油牵引机等。孟尼利克只要见到以前没有见过的东西就异常兴奋,非要研究出个所以然来。当埃塞俄比亚进口了第一辆摩托车的时候,这辆从未见过的"铁驴"激起了他强烈的兴趣,不顾众人的反对,执意要亲自坐在摩托车的后座上。当摩托车在道路上飞驰时,这位在政坛上叱咤一方的领导人竟高兴得像个孩子。不久,孟尼利克就学会了熟练驾驶摩托车。

孟尼利克还特别喜爱科学研究。他参观了欧洲举办的第一个大型工业展览会,他还是法国天文学会创始人之一。有个名叫德卡斯特罗的意大利使者高度概括了孟尼利克对发明创造的痴迷程度。他说,即使现在有一个空想家想要在空中建造一座连接地球和月球的自动化楼梯,孟尼利克也会鼓励他。

孟尼利克绝不是一个没有追求的、幼稚的科学崇拜者,他对科学技术的崇拜是基于他深入的研究。他相信科学,相信让人类进步的技术,他相信为了赶走侵略的殖民者,必须用科学技术使国家强大起来。法国曾经派一名使者来访埃塞俄比亚,带来了两样礼物,一门旧的大炮以及一个可以自动奏乐的乐器。很明显,法国低估了孟尼利克的实力。

来访者根本没有把孟尼利克放在眼里，以傲视一切的口吻介绍起了这门旧大炮，讲解大炮的使用方法，口中还模拟大炮使用时发出的声音。殊不知，在孟尼利克眼里法国的来访者简直就是一个小丑。等来访者表演得差不多了，孟尼利克让来访者务必代他谢谢他们的总统，他说他可以把这些礼物给他的孙子孙女玩儿，而且这些也是不错的玩具。顿时，法国来访者尴尬极了。为了展示自己的实力，他把来访者带到了自己的武器库。来访者发现孟尼利克已经拥有了新式大炮和来复枪，他感到非常的震惊，为自己刚刚的行为感到羞愧，并从心底里佩服这个沉稳有担当、低调有智慧的领导人。随后，孟尼利克骄傲地介绍说，这些才是他的玩具。来访者再也不敢小看这个国家，以及看起来其貌不扬的孟尼利克。

孟尼利克还是一位求知若渴的领导人，在他和海外的访问者进行交谈时就可以明显看出。很多英国旅游者、美国旅游者以及英美使者都曾经和孟尼利克进行过谈话。英国旅游者说孟尼利克是一位有远见的领导人。孟尼利克还曾问另一位英国人鲍威尔·科顿是否访问过俄国。当鲍威尔·科顿表示说没有的时候,孟尼利克感到十分惊讶。他认为,鲍威尔·科顿应该到俄国去看一看,俄国是一个很大的国家,有丰富的物产和灿烂的文化,一定会让到访者收获满满。然后他突然转换话题,提出疑问:"英国同意印度拥有和英国一样多的士兵吗?"此外,美国使者斯金纳还说孟尼利克了解1898年发生的"美西战争",而且对罗斯福本人的品行特别感兴趣。孟尼利克就他所知道的侃侃而谈,讲话还十分幽默,时常逗得众位谈话者捧腹大笑,他们深深被孟尼利克的学识和眼界折服。一位来自法国的旅游者曾说,孟尼利克邀请他细致地讲述了法国在马达加斯加进行的殖民战争,他想要弄清楚霍瓦人是如何抵御侵略者的,又是如何攻下的塔那那利佛,还想知道塔那那利佛重要在哪里,那里的房子是怎样建造的。孟尼利克在听完该旅游者的解答后说:"马尔加什人的工业化程度的确比我们国家高很多啊,但也由此可见他们并不擅长打仗。"可见,孟尼利克的每一次谈话都是有目的的,他能从来访者的介绍中,获得大量他需要的政治、经济、文化以及当地风俗信息。当然,战争与和平也是谈话中不可避开的话题。在埃塞俄比亚的人民看来,他是一位虔诚的自由主义者，他爱好和平，反对战争，清楚地知道战争有百害而无一利。孟尼利克还是一位敢说敢做的领导人，每当不能接受外国人的观点时，他总要明确提出异议。孟尼利克从来访者口中了解外部世界，为他日后利用列强的矛盾保家卫国打下了基础。

02 / 谁与争锋的年代

孟尼利克是民族的脊梁，如果没有他，埃塞俄比亚无法取得抗意卫国战争的胜利。在这场战争中孟尼利克是埃塞俄比亚取得胜利的决定性人物。除了战争的胜利，他还带领人民群众开始了漫长的改革之路，从政治到经济，从国防到社会，每一步都步履维艰，但是他从没有放弃希望。

他是举国团结的"定心丸"。在18至19世纪初相当长的时期内，埃塞俄比亚是一个封建割据国家。1769年到1855年是埃塞俄比亚历史上的"王侯纷争时期"。皇帝无所作为,大臣们无所用心,没有人会为了国家的命运担忧。长期内战,割据征伐,国家动荡不安。经济停滞不前,工业生产无法正常进行,维持原状都变得不太可能,国家经济大大倒退。人民生活水平下降,战争割据使人民生活在水深火热中,正常的工农业生产根本无法进行。人们无心生产,为保住性命而东躲西藏,整个国家处在一种风雨飘摇的状态中,随时有轰然倒塌的可能。这就为欧洲殖民者的侵略提供了可乘之机。对这样一块"肥肉",很多国家垂涎三尺,英国、法国、意大利、俄国更是毫不手软。它们不会放弃这样一个绝佳的机会。

1841年,英国代表团哈里斯等人同塞拉西签订了《友好条约》。1843年,法国半官方使者罗歇·达里库尔也同塞拉西签订了该类条约。不久后,英国政府又同代表埃塞俄比亚的冈达尔王朝签订了《友好通商条约》。英国竭力争取自己的利益,为了一己私利不惜牺牲整个埃塞俄比亚。当时代表埃塞俄比亚政府里都是名义上的官员,他们没有实权,却将整个国家出卖。埃塞俄比亚因为有这样的卖国贼而一步步落入了列强手中。英国在埃塞俄比亚打开了商品输出的大门,其他国家纷纷来到埃塞俄比亚,想要分得一杯羹。在英国的挑唆下,埃及也加入了攫取掠夺的行列。苏伊士运河开通,给埃塞俄比亚带来了巨大的经济利益,埃及自然不会坐视不管。埃及和埃塞俄比亚大战一场,双方损失惨重,英国坐收渔翁之利,乘机挟持约翰尼斯四世,攫取了许多经济特权。英国又挑动约翰尼斯四世攻打苏丹马赫迪,攫取了许多对自己有利的经济特权。

当法国看到英国获得巨大的经济利益时,它也坐不住了。在英国和埃及肆意瓜分埃塞俄比亚的时候,法国另辟蹊径。显然英国的路子已经不再适合法国,聪明的法国人更不会采取埃及发动战争的做法。法国人采取一种迂回的办法,以红海岸边奥博克为据点,首先建立法属索马里殖民地,起到蒙蔽敌人的作用,等殖民地稳定以后,再向西渗入埃塞俄比亚。这样的做法显然比英国、埃及都要高明许多。

意大利更是虎口大开。建立殖民地已经无法满足意大利殖民者的贪婪。意大利想要的是吞并埃塞俄比亚,殖民者的野心可见一斑。意大利步步紧逼,吞并占领了一个又一个城市。埃塞俄比亚人民的生活受到了极大的威胁。在祖国生死存亡的危急时刻,孟尼利克挺身而出。在经历10年的蛰伏之后,毅然担当起了保家卫国的重任。孟尼利克年少10年的监禁生活对他统一国家起到了重要作用。10年间的所见、所闻、所感让他切身体会到了人民的疾苦,民不聊生让他痛苦不堪。他深知战争带给人民的灾难,他不想再让他的人民承受他那样的痛苦。所以,他站起来了。结束割据,统一国家势在必行。对内,孟尼利克与国内封建势力对抗,曾多次用兵力削弱封建分裂势力;对外,抵抗外国侵略者,他采用了多种办法,通过战争表明自己保家卫国的决心,通过联姻的方式起到缓和矛盾的作用。总之,这位有勇有谋的领导人,带领自己的人民与列强抗衡,巩固了国家的统一,增强了国家抵御外侮的实力。

他锐意推进近代化改革,抵抗侵略、维护独立。近代化的过程中改革必不可少,孟尼利克自然不会缺少了改革这重要一环。他的改革涉及政治、经济、社会、国防等方方面面。政治上的改革主要是建设国家政权,目的是建设一个中央集权的国家。曾经的制度严重阻碍了国家的发展,权力由皇帝一人掌握，宣称君权神授，用神灵奴役人民，集所有权力于皇帝一人手中，国家事务由皇帝一人说了算，造成腐败横生，官员之间相互勾结，明争暗斗层出不穷，官员们阿谀奉承，只为赢得皇帝一人的庇护。孟尼利克意识到必须推翻这样的政权，用强大的中央集权巩固国家统治。随后，孟尼利克向全国宣布：引进欧洲政治体制，成立内阁。

经济是国家发展的基础，是关乎一个国家生死存亡的"心脏"。孟尼利克执政期间，大力发展经济，改革赋税。曾经的战争割据使这个封建国家支离破碎，埃塞俄比亚又多山地，国内很难形成统一的市场，为促进国内统一市场的建立，孟尼利克把首都建设作为经济建设的第一步。在发展商业上，孟尼利克给商人以极大的便利，使商人能够自由从事商业活动，自由进行贸易。到19世纪末，国内已经发展出来好几个重要的经济贸易市场。为适应经济贸易的发展，孟尼利克督促发行了第一枚国家货币，并于20世纪初设立了制币厂和国家银行。所有的改革都有条不紊，循序渐进。经济的发展使人民生活水平显著提高，当然，他推行的改革也得到了广大人民的拥护。

孟尼利克大力进行国内建设，为恢复国家的繁荣，孟尼利克改变国内通信状况，发行邮票，颁布相关法令，建立了完善的邮电事业。孟尼利克也深深懂得"要想富,先修路"的道理，他修建桥梁，拓宽公路，建设铁路。无论是邮电事业还是道路建设，都促进了埃塞俄比亚的经济发展，并且具有重要的军事战略价值。孟尼利克的开创性举动大大改变了国内现状，促进了国家的统一、经济的发展和国防实力的提高。

为了在非洲占据更广阔的地域和资源，英国将目光瞄准了埃塞俄比亚，而意大利也一直对埃塞俄比亚虎视眈眈。为了达到目的，英国首先支持了意大利的入侵。19世纪70年代，英国支持约翰尼斯四世打败其他各诸侯称帝，企图通过控制约翰尼斯四世掌控整个国家。苏丹爆发马赫迪运动后，英国决定将英国和埃及的军队撤出苏丹，但是几个有埃及驻军和欧洲居民的苏丹城镇被马赫迪武装力量包围，所以英国想要借助埃塞俄比亚政府军以达到对抗苏丹的目的，可见英国在非洲之角布下了一盘很大的棋局。

当看到英国、意大利在埃塞俄比亚的收获时，法国也跃跃欲试，加入瓜分非洲的行列。在争夺北非地中海霸权之时，法国与意大利结怨，当时英国支持意大利，法国担心自己在东非的势力被意大利所取代，同时为了建立从塞内加尔河到法属索马里的大帝国，夺取苏丹东部地区，因此在意埃战争中，法国站到了埃塞俄比亚这边，与英国、意大利为敌。

后来，意大利宣布成为埃塞俄比亚的"保护国"，两国还签订了互利合约，但是法国、俄国、土耳其政府均对此持保留态度。在布鲁塞尔会议上，法国、俄国强烈要求意大利将会议内容如实告知埃塞俄比亚，才将意政府的阴谋揭穿。面对列强接连不断的阴谋入侵，埃塞俄比亚政府采取了相互制衡、制造矛盾的方法，加强和法国的合作。1894年3月，孟尼利克在意大利政府咄咄相逼之时，高调与法国公司签订了修筑吉布提至亚的斯亚贝巴并延伸至白尼罗河的铁路租让合同，随后又陆续同法签订了架设电报线、铸造货币等项目合同，还向法政府购买武器，输入法国教官训练官兵等，目的就是为了对抗意大利。

在维护国家主权独立和领土完整的斗争中，孟尼利克起初接受意大利的援助，但是在其阴谋被揭穿后，孟尼利克及时终止了两国的合作。19世纪80年代，沙俄帝国也看上了非洲这块肥肉，想要分得一杯羹，但是法国决不允许其他国家染指自己的权利领域，于是坚决阻挠俄国在非洲的行动，最终法俄在埃塞俄比亚问题上取得了惊人的一致，结成军事联盟。同时，俄国开始了对埃塞俄比亚的军事援助。俄国同埃塞俄比亚政府签订贸易协定，向埃政府销售军火。出于为"和解"做准备的目的，沙皇政府派遣了一个教会，与埃塞俄比亚教会"合并"，这样埃政府就有了更强大的后援力量来对抗意大利、英国。除此之外，俄国红十字会还派遣了一支救护队抵达埃塞俄比亚，这对战后伤员的养护起到了巨大作用。这支队伍获得了埃塞俄比亚人民的热烈欢迎，受到人民的极大拥护。法、俄对埃塞俄比亚的援助大大增强了其战胜英国、意大利的决心，改善了埃塞俄比亚的国际处境，对埃塞俄比亚抗意卫国战争的胜利起了不可忽视的作用。

03 甩掉"保护国"的帽子

孟尼利克在位48年,也是非洲发生重大改变的48年。他带领自己的国家,在强大信仰的驱使下南征北战,既受到过屈辱,也赢得过胜利。与意大利分分合合的"友谊"也让孟尼利克带领埃塞俄比亚越战越勇。

绍阿的孟尼利克过去曾经以萨哈尔—马里亚纳王子而著称。他统治时期组建了一支强大的军队,这支军队的组建主要通过他统治时期的许多武器代理商来实现,孟尼利克二世正是通过他们得到了军队的装备。早在作为绍阿统治者的时候,孟尼利克就开始从意大利进口武器。19世纪80年代,这种军火贸易达到惊人的数量。后来,他又从法国购买武器。然后,他开始征服与绍阿东、西、南三面接壤的加拉地区。考虑到军火贸易会增加埃塞俄比亚皇帝在非洲东北部的野心,英国最后又开始反对欧洲与埃塞俄比亚之间的军火贸易。欧洲各国势力也就遏制武器政策和索马里海岸奴隶贸易问题争论不休。意大利是最具侵略性的国家，并希望将埃塞俄比亚作为实现其野心的前哨。尽管意大利与绍阿皇帝孟尼利克在1883年到1887年间已签订几个单独的"友好和贸易"条约，但在对条约含义的理解上双方仍有分歧。意大利将这些条约视为支持阿比西尼亚的一方力量反对另一方力量而的手段，孟尼利克则将这些条约视为获得大量所需武器和弹药的另一个重要渠道。

起初，孟尼利克认为，埃塞俄比亚需要意大利的支援，他竭尽全力讨好意大利，希望靠上意大利这棵大树。俗话说"大树底下好乘凉"，孟尼利克深知这个道理。正因为如此，他才想借助意大利的力量实现国家统一。

1889年，孟尼利克与意大利签订《乌查里条约》，根据这一条约，意大利正式承认孟尼利克为阿比西尼亚皇帝，并保证他的国家任何通过马萨瓦港口的货物免税的特权，承诺不但给予埃塞俄比亚一笔数目可观的贷款，而且将来还要向其供应武器和军事物资；鉴于意大利给埃塞俄比亚贷款和增加军事援助，埃塞俄比亚则将其一些地区，包括波贡斯、哈马森、阿卡雷古斯德和提格雷的部分地区，相应地对意大利开放。

尽管《乌查里条约》对双方都有利，但是意大利却从它在厄立特里亚的基地向阿比西尼亚境内渗透。后来，孟尼利克发现他签订的这个条约中有关处理两国外交关系的条款在意大利文本和阿姆哈拉文本中有所不同。按照阿姆哈拉文本，如果愿意，阿比西尼亚可以在其外交关系中以意大利为自己的代言人；而意大利文本则宣称，阿比西尼亚的外交关系必须交由意大利处理。按照意大利文本的含义，埃塞俄比亚就变成了意大利的保护国。

1893年2月27日，孟尼利克通知欧洲各国，他决定拒绝接受意大利人的这种说法。他宣布："埃塞俄比亚不需要任何人的施舍，埃塞俄比亚只将自己的双手伸向上帝。"意大利侵略者意识到自己的阴谋败露，竟然发动了侵略战争，不到半年的时间就占领了埃塞俄比亚3个城市。

孟尼利克深深地认识到，依靠别国并不能使自己的国家强大，毅然发起保卫战。孟尼利克迅速发布诏书，号召全国人民加入战争中来。他深信，人民不会抛弃他，他希望全国的男女老幼都参加到战斗中来。孟尼利克发表动员宣言，以使埃塞俄比亚社会和教会在意大利侵略者面前更加坚定信心。他说:"现在,敌人要来摧毁我们这个国家,要来改变我们的宗教信仰……我们的敌人已经像鼹鼠一样通过挖洞进入我国的事务中。在上帝的帮助下,我将不会把自己的祖国拱手让给他们……今天,你们当中的强者请给我以力量,你们当中的弱者请给我以祈祷。"他向全国民众疾呼:"敌人从海外入侵,他们侵犯我国,试图消灭我们的信仰,破坏我们的国家,为了爱惜我们这近几世纪遭受如此严重苦难的国家,我忍受着一切,同他们进行了长期的谈判。但是敌人却像鼹鼠一样得寸进尺。"

孟尼利克二世在1895年9月17日发布的《告全国人民书》中说:"我决心保卫我们的国家,给敌人以反击,一切有力量的人跟我来吧。……我先把我们的全体战士都团结在我的周围。"全国人民的斗志被极大地激发起来。埃塞俄比亚人民万众一心,纷纷响应孟尼利克二世的号召,显示出了空前的团结。各个地区的民众被动员了起来,人们在短期内捐助了大量衣物和粮食,全国各地的士兵几乎都来参加抗战。孟尼利克拥有一支10万人的军队,其中1万名骑兵。到1895年11月,孟尼利克二世动员的士兵人数已经达12万。

意大利像一只狡猾的狐狸，它企图用速战速决的战略方式结束对埃塞俄比亚的侵略，把埃塞俄比亚变成自己的口中肉。意大利得意地宣称，不久的将来他们将会把孟尼利克装在一个笼子里带回罗马。然而，意大利的如意算盘打错了，这次战争并没有想象的那么容易。孟尼利克识破了意军的企图，埃军并没有上当。在孟尼利克的带领下，埃军依靠自己对地形熟悉的优势，一步步诱敌深入，拖住了意军。在全国人民的支持下，埃军把敌人引入到了祖国腹地，当意军发现时已经追悔莫及，脱不开身了。埃塞俄比亚境内山地居多，埃军利用地形优势和全民抗战的决心把意军困在了埃国境内。由于大型机械无法发挥其作用，意大利深陷埃国。战争爆发后，意军进展缓慢，埃军首战告捷，并于1895年12月收复了马卡累要塞。

意大利在侵略过程中犯了一个巨大的错误。由于出发仓促，意军在战争途中发生粮食供应恐慌。在两军相持阶段，能否不断地补给军粮，会直接关系到战争的胜败。由于意军狂妄自大，打起仗来轻敌少备，再加上他们速战速决策略的失败，造成了粮食和军用物资的缺乏。在意军缺少粮食和装备的情况下，孟尼利克带领埃军偷袭意大利军队。意军防不胜防，士气受到了极大的削弱。1896年3月1日埃意双方军队在阿杜瓦决战。这一天对意大利来说一定是场噩梦，是一场令意大利不愿醒来的噩梦。这天，意军接收到了一个假情报，改变了本来要攻打厄立特里亚的计划，放弃已占领的阿迪格拉特，指挥军队向阿杜瓦集结。这一错误的行为给意军的溃败埋下了伏笔。当晚，电闪雷鸣，豆大的雨点紧接着打了下来，滂沱大雨像开了闸门似地泻下来，向地面射出无数箭头，房屋上落下千万条瀑布，响雷闪电一个接着一个。风，使劲地吹着，树枝被吹得喀嚓喀嚓作响，顷刻之间，仿佛整个世界都被大雨覆盖。大雨的降临，使意军迷了路，他们不得不找一个当地人作为向导，然而向导却骗了他们，带着意军在漆黑的山里东绕西转。意军体力上和心理上都备受煎熬，体力的流失使他们不再适合打仗，意志的动摇更严重，他们根本无心战争，只想快点结束这倒霉的经历。当战争打响时，瞬间硝烟四起，埃塞俄比亚的战士们奋不顾身往前冲，顿时，鲜血如泼出的水般四处飞溅，染红了大地与晚霞。当夜幕降临，血红

现代埃塞俄比亚的缔造者——孟尼利克二世

的晚霞在渐渐消退,双方仍在对峙着,既没有任何一方撤退,也没有任何一方冲杀。突然,埃军的战士们一个个冲上去,挥舞着大刀浴血奋战,一个倒下了,另一个就替上去,意军终究没能抵挡住埃军的强烈攻势,最终狼狈而逃。孟尼利克以出众的谋略赢得了战争的胜利,他用教科书般的战略战术打败了意大利侵略者,创造了战争史上的奇迹。

在这场战役中,25000人的意大利军队被埃塞俄比亚人打败。当时,参加战役的埃塞俄比亚军队超过10万人,这些人良莠不齐,但团结紧密。埃塞俄比亚在阿杜瓦战役中的胜利为孟尼利克赢得了国内和国际的声望,并为埃塞俄比亚国家赢得了新的盟友。这次胜利使整个欧洲受到震动,并致使意大利政府倒台。这个事件还使埃塞俄比亚在19世纪席卷整个非洲的殖民战争中幸免于难。孟尼利克同法国结成同盟,这一外交举措之后就是法国作为礼物向埃塞俄比亚提供大量武器。

意大利在签订了《亚的斯亚贝巴和平条约》以后,宣布放弃《乌查里条约》,并承认埃塞俄比亚为完全独立的国家。尽管取得了两次军事胜利和一系列外交成果,但经常表示希望从厄立特里亚获得出海口的孟尼利克并不认为自己有能力迫使意大利撤出厄立特里亚。《亚的斯亚贝巴和平条约》签订后的几个月，法国和英国都派出了外交代表与孟尼利克签订了友好条约。孟尼利克还与奥斯曼帝国苏丹、马赫迪苏丹和俄国沙皇签订外交条约。一时间，亚的斯亚贝巴成为一个外交中心，几个重要的国家都在这里派驻了政府代表团。埃塞俄比亚获得的军事和政治成功还使欧洲各国增加了他们派驻在该国的使馆人员数量。

战败后的意军被迫与孟尼利克政府签订了新的条约，埃塞俄比亚终于摆脱了意大利永久保护国的帽子，成为一个拥有独立主权的国家。这一战的胜利，大大激发了埃塞俄比亚人民保家卫国的决心，他们再也不惧怕外国侵略者。埃军高昂的气势也让侵略者为之一震，他们万万没想到埃塞俄比亚能够取得这次战争的胜利。取得胜利的埃军欢呼着，庆祝他们来之不易的自由。

04 / 现代化改革之路

阿杜瓦战役之后,欧洲国家逐渐认可孟尼利克统治下的埃塞俄比亚是一个真正的政治势力。在孟尼利克政权的最后几十年里,他充分利用这一良好政治氛围着手进行现代化改革。

孟尼利克建立起一个永久性的行政体系以防止外国侵略。省级行政区域是埃塞俄比亚最大的行政区,他指派自己最信任的将军们作为各省总督,总督以下是由皇帝任命的地区长官,地区长官又任命最低一级的称为"舒姆"的长官,这些人主要负责治理地方上某一个较大的村落或一群小村落。在新占领的区域,尤其是奥罗莫和索马里地区,加里森,或者叫科特马阿,也成为重要的统治中心。皇室代表绝大多数是阿姆哈拉—提格雷人的后裔,他们致力于创造一个埃塞俄比亚民族的共同体,有时使用强制手段将外族人融入扩大了的政治体制和科普特教会之中。孟尼利克还是第一位实行税收上交皇家税收机关税收制度的君主。

赋税制度的改革让人民从掠夺式的缴税制度中解放出来，以文明现代化的赋税制度取而代之。

阿杜瓦战役之后出现了前所未有的和平时期，这样一个时期使埃塞俄比亚加强了对外交往。越来越多的外国工匠来到埃塞俄比亚，这就为该国的经济发展和技术进步营造了全新的氛围。同时，一个全新的行政管理中心——亚的斯亚贝巴，在1886年建立起来，5年后成为埃塞俄比亚的新首都。这座城市是埃塞俄比亚国家许多重大改革的发源地。由于人口众多，该城市在一定程度上使劳动力专业化了，而这种专业化劳动在埃塞俄比亚其他地方几乎无人知晓。至此，在亚的斯亚贝巴、阿瓦什和戈贾姆都架设起现代化的桥梁。

革新性教育的发展也是这个时代的特色。第一所现代化的学校——孟尼利克二世学校，于1908年建立，紧接着在哈拉和迪雷达瓦又建立了多所大学。在学校中，学生们学习阿姆哈拉语和其他一些欧洲语言，并有阅读、写作、数学、科学及其他科目的课程。为了巩固统治秩序，孟尼利克鼓励发展浸透了西方价值观和进步观的新式精英教育。早在

现代埃塞俄比亚的缔造者——孟尼利克二世

19世纪90年代初期，一些年轻的阿比西尼亚人就被派到先进国家去学习，其中有西欧、俄国和苏丹等。这些留学生与在埃塞俄比亚国内毕业的学生一起成为新一代的精英，成为埃塞俄比亚国家现代化的基石。国家机构、外交和经济的运转主要应归功于埃塞俄比亚教育的现代化和行政机构开始出现的世俗化。

由于与教会反对西方新观念相矛盾，孟尼利克将孟尼利克二世学校以及在哈拉、安康巴尔和达斯省的其他三所学校交给来自埃及的科普特教会的教师和牧师管理。

19世纪埃塞俄比亚的其他改革措施还有：电话和电报系统、供水管线、现代化医院的建设，并引进新的疫苗以解决人口快速膨胀所带来的健康问题。

1892年，意大利人连续不断的威胁致使孟尼利克不得不改革税收体制，并于两年后第一次发行全国流通货币。这种货币与奥地利旧的玛利亚特里萨元等值、等重，都是建立在银币基础之上的。那种奥地利特里萨元早就在埃塞俄比亚流通，并且从18世纪中期开始就在中东许多国家流通。

1894年，埃塞俄比亚的第一枚邮票在巴黎印刷成功并举行了庆祝仪式。同时，埃塞俄比亚第一条铁路建设也得到批准，该铁路将把亚的斯亚贝巴与法国在吉布提的索马里兰的港口连接在一起。孟尼利克想要通过铁路降低商品运输的成本，如咖啡、兽皮、蜂蜡等，这些都是埃塞俄比亚的大宗出口商品。虽然这项工程面临技术、财政和政治上的困难，但是铁路的兴建标志着这一时期埃塞俄比亚已经取得了最伟大的技术成就。在法国的资金支持下，铁路工程使亚的斯亚贝巴变成一座主要城市。这些发展与其他一些现代化道路建设和新的运输航线建设一起，推动了埃塞俄比亚进出口贸易的持续性增长。

1905年，阿比西尼亚银行建立。1907年，第一个政府饭店建立。接着，旅店、餐馆、裁缝业也纷纷建立起来，所有这些都是城市化和现代化的标志。

孟尼利克力排众议的改革在历史上留下了深深的烙印。政治权力的巩固，让这个曾经风雨飘摇的国家又坚毅了几分，虽没有达到改革的最终目的，但也大大缓和了埃塞俄比亚的国内矛盾，结束了战争割据的局面。国防实力的提升是孟尼利克的一大壮举，战争年代国防关系到一个国家的命运，孟尼利克用个人的智慧化解了国家的安危。一个又一个创举将孟尼利克推上了人生的巅峰。他时刻心系祖国。他年轻时所有的经历、所学的知识都播撒在了他热爱的这片土地上。

1906年7月，英、法、意三国政府在孟尼利克事先毫无所知的情况下，缔结了三国协定。协定虽虚伪地承认埃塞俄比亚独立，却又规定"一旦埃塞俄比亚国内发生对抗和内乱"，三国有权采取行动保护本国公民。这项协定还确认了英、法、意各自在非洲之角的势力范围：尼罗河流域和塔纳湖区为英国控制；从吉布提到亚的斯亚贝巴的铁路沿线地区为法国控制；厄立特里亚、索马里、亚的斯亚贝巴以西为意大利的势力范围。

几个月后，孟尼利克才接到协议签订的通知。这时，他深感国力不支，无法再打一场新的"阿杜瓦战役"，只好用一种自欺的态度，在12月10日的复信中写道："我已收到了三强国达成的协定。我感谢它们的通知，感谢它们保存和维护我国政府独立的愿望。但是有一点必须得到理解，即这个协定不得在任何方面限制我们认为应享有的主权。"

这封复信实际上承认了西方国家的殖民主义要求。这位一生献身国家独立统一的老人，却屈辱地接受三国协定，这确是一个沉重的打击。

孟尼利克一生为国家的独立而奋斗，他的功绩被载入史册。可是当他风烛残年时，面临的却是殖民主义的更大威胁。他晚年多病，每当病痛发作时总喜欢啃下几页《圣经》，称这样就能使自己恢复健康。1908 年，身染重病的孟尼利克因中风全身瘫痪，丧失了说话的能力。泰图皇后没能生育，皇帝又不愿承认他的一位盖拉族前妻所生的佐迪图是他的女儿，只好宣布由他的外孙、12 岁的埃雅苏王子当他的继承人，并指定他的老部下塔桑马将军任摄政。实际上，权力落入泰图皇后手中。她竭力扶植自己家族的势力，激起王朝内外的强烈不满。一场新的宫廷权力纷争又在酝酿之中。1913 年 12 月 12 日，他在一次宫廷的密谋与权力争夺中去世。后由皇后泰图摄政，1916 年，佐迪图女皇继位。

孟尼利克用自己的一生实现了价值的最大化，他无愧于埃塞俄比亚人民，更无愧于自我。无论是"时势造英雄"还是"英雄造时势"，他在历史上的丰功伟绩终将无法抹去。

非洲一代女皇
——佐迪图女皇

佐迪图女皇（1876—1930年，1916—1930年在位），是国际承认的埃塞俄比亚历史上唯一的女皇，正式称号是"众王之女王"，也是非洲历史上仅有的一位女皇帝。

佐迪图出生于埃塞俄比亚哈拉尔。父亲是鼎鼎大名的"抗意英雄"孟尼利克二世。1913年，孟尼利克二世病故后，佐迪图异母姐姐之子继承帝位，实权落入泰图皇后之手，再次引起了宫廷内变。1916年，佐迪图登基为女皇。由于她思想保守，坚决反对改革，与朝中的改革派发生了激烈的矛盾冲突，她的丈夫也因此丧命。1930年，这位女皇在孤独与惶恐中离开了人世。佐迪图女皇执掌埃塞俄比亚事务长达15年之久，手中的权力并不多，大部分事由摄政王塔法里处理。在她死后，塔法里继承王位。

01 / 从"野鸭子"到"白天鹅"

佐迪图女皇于1876年4月29日出生于埃塞俄比亚哈

拉尔,她的父亲是大名鼎鼎的"抗意英雄"、现代埃塞俄比亚的缔造者、非洲历史上最伟大的统治者之一孟尼利克二世,但她的母亲并不是孟尼利克二世的皇后——泰图皇后,她是孟尼利克二世和一位侍女的私生女。虽然生在贵族家庭,却因为是父亲和侍女的私生女,佐迪图从小就如同天鹅湖里的"野鸭子"一般,并不引人注意,也不被人疼爱,还总是被人戏弄。因为是私生女,在她还是个小孩子的时候,便深受皇后和其他兄弟姐妹的排挤。她的兄弟姐妹经常拿她母亲的身份笑话她,而皇后只宠溺自己的孩子,对佐迪图则百般蹂躏,让她和其他仆人侍女们一样干各种脏活累活,却也从来不给她吃饱饭。其他兄弟姐妹可以睡柔软的大床,可以拥有干净漂亮的衣服,可以有喜爱的玩具,而佐迪图却什么也不曾拥有,每日陪伴她的只有孤独和绝望。因为备受皇后和兄弟姐妹们的欺负,佐迪图时常独自伤心流泪,她也怨恨过母亲把她独自丢在这肮脏的天鹅湖里,备受折磨。但每每伤心过后,佐迪图都会重振信心,她下定决心自己必须要变得优秀,要成为女王,要压倒和惩罚这些欺负她的人。正因为经历了如此坎坷的童年生活,佐迪图逐渐就养成了坚强乐观、不服输的性格。而且，因为遭遇排挤，佐迪图没有朋友，时常孤单寂寞，这也为佐迪图创造了更多的读书时光，她时常一个人躲在角落里读书。当佐迪图10岁时，就展现出了聪慧伶俐、善于表达、胆识超人以及女王风范。有一次，孟尼利克二世来看望自己的孩子们，与孩子们玩耍过程中，他就提出了一个问题，让孩子们说说自己的看法和答案。刚开始，所有的孩子们都抓耳挠腮，只有佐迪图很镇定地思考着。当其他人还毫无头绪时，佐迪图已经将自己的想法流利地表达了出来，其他的兄弟姐妹和皇后都惊呆了。孟尼利克也吃了一惊，没想到自己这个不起眼的女儿有如此胆识，他会心一笑，赞扬了佐迪图一番。从此，佐迪图就引起了孟尼利克的注意。孟尼利克认为她是个可造之才，开始着重培养佐迪图。就这样佐迪图日渐成长为一个有见解、有胆识的人。除此之外，孟尼利克一直是佐迪图心中的榜样，她从小就注意着父亲的处事和行为。因为父亲孟尼利克二世英勇善战、聪明过人、做事沉稳、热爱民族和国家，佐迪图也从小深受父亲的影响，对民族独立有着坚定的认知，同样敢作敢当、敢为人先，这一切为她后来成长为一名女皇奠定了基础。

1908年,孟尼利克二世不幸中风,几乎完全瘫痪。其死后,由其指定的17岁的埃雅苏(后称为埃雅苏五世)继位。但是埃雅苏继位没多久,第一次世界大战就爆发了。世界各国都被卷入了这场大战中,埃塞俄比亚也不例外。1915年4月的一天,英法意签订了三国协议,协议中由英法两国瓜分德国的殖民地,英法支持意大利在厄立特里亚、索马里和利比亚以及同英法殖民地接壤的地区调整边界。这样一来,埃塞俄比亚便像一块牛排一样被英法意分割成三个势力范围。为了维护国家的独立和完整,埃雅苏皇帝决定同德国和土耳其合作。他向德属东非当局派去了使者,进行谈判,寻求合作。面对这种行为,英法意绝对不会坐视不理。三国驻亚的斯亚贝巴公使就精心制造了一些谣言来污蔑埃雅苏,说埃雅苏不仅已经背叛宗教,秘密皈依了伊斯兰教,向土耳其总领事馆送去了新国旗,而且还修改了家谱,把穆罕默德列为始祖,把犹太族的雄狮改成了新月。他们还印发了大批污蔑埃雅苏皇帝的宣传画和小册子,并开始在宫廷和贵族中传播谣言。同时,他召集绍阿贵族集团和埃塞俄比亚教会商讨要除掉这个危险的皇帝。谣言传播速度和传播范围十分惊人，埃雅苏本来政治地位就不稳固，这种污蔑皇帝的谣言很快在大臣和民众心中起了作用，大臣们就开始密谋废除这个"叛教皇帝"。

"圣十字架节"那天，陆军大臣哈布塔·乔治斯武士通知各位大臣参加国务会议，并召集了自己的军队。在国务会议上，他向他们表达了废黜皇帝的意思，认为不能向心怀叵测的伊斯兰教低头，国家在埃雅苏的带领下已经进入毁灭。最后，在国务会议上，埃雅苏被废，其父斗争失败后被囚禁在亚的斯贝巴一个小岛上。埃雅苏在沙漠中流荡了数年，1921年被抓，1936年秋天死于狱中，死因不明。1916年，埃雅苏下台后，孟尼利克二世的女儿佐迪图登基。就这样，在第一次世界大战期间，埃塞俄比亚国家内忧外患之时，佐迪图女皇登上了皇位。

终于，曾经的"野鸭子"也终于成长为了一只白天鹅。佐迪图女皇从1916年到1930年十几年间一直统治着埃塞俄比亚。佐迪图女皇继位后，由其堂弟塔法里·马康南亲王摄政，并立为皇储。佐迪图继续坚持父亲孟尼利克的作风，坚决抵抗外来侵略，将维护国家和民族独立作为第一要务。可以说，她在男尊女卑的封建社会中，稳坐在统治集团的最高位置，掌握着一个国家的最高统治权，无论是战功赫赫的将军还是满腹诗书的文臣，都俯首在她的皇冠之下。

02 / 一代女皇的曲折爱情路

作为高高在上的女皇，佐迪图一直向众人展示着自己的女王风范。在民众的眼中，她是一位遥不可及的女皇。殊不知，作为女皇的她同样是一个柔情似水的女子，同样拥有着儿女情长，有着自己的艰难爱情故事。佐迪图女皇曾经有过四任丈夫，但他们不是早逝就是离婚，只落得她最后在遗憾中孤独和老去。

在佐迪图还是小孩的时候，她就与她的第一任丈夫拉斯·阿利亚·塞拉西·约翰尼斯有了婚约。拉斯·阿利亚·塞拉西·约翰尼斯的父亲是约翰尼斯四世，他在1878年的时候就和孟尼利克二世约定了两个孩子的婚姻。佐迪图10岁时嫁给拉斯·阿里亚·塞拉西·约翰尼斯。但不幸的是仅仅两年后，即1888年，拉斯·阿里亚·塞拉西·约翰尼斯就在一次战争中中毒而死，此时，佐迪图才12岁。后来佐迪图嫁给第二任丈夫，但没过多久，这个男人也死了。佐迪图的第三任丈夫，在3年后与她离婚。因此，佐迪图的婚姻非常不幸，她一直生活在悲伤之中，直到25岁时遇到最后一任丈夫古格萨，才走出阴影。

古格萨是一个征战沙场的将军，也是泰图皇后的侄子。虽然古格萨并非贵族出身，但他从小坚毅、阳光、幽默，长相也十分出众，面容十分清秀。长大后的他成为一名军官，在处理军中事务时反应机敏，多次有良好表现，被上级所赏识，很快就被提升为大将军。在一次朝堂议事中，佐迪图被古格萨过人的胆识和威武的身躯所吸引，他举手投足间都带着满满的阳刚气概和正义感。当时的古格萨对佐迪图爱慕已久，只是因为自己的出身不高而并不敢越雷池半步，平日里只是默默地关注着佐迪图。泰图皇后为了重新掌权，便想办法促成佐迪图与古格萨的婚姻。在泰图皇后的撮合下，正值青春的佐迪图也对这位年轻有为的将士动了心，于是两人开始了约会。一年后，两人成婚，佐迪图诞下一个女儿，两人一直过着甜蜜的日子。

然而在佐迪图登基后，绍阿贵族大臣们将对泰图皇太后专制的不满情绪都发泄到泰图的侄儿也就是佐迪图丈夫的身上。他们提出了新的国务会议方案，要求佐迪图与古格萨离婚，并将古格萨遣返老家。于是，在绍阿贵族百般阻拦，并且以佐迪图的皇位和两人生的孩子作为威胁的情况下，佐迪图和古格萨终于被迫结束了15年的婚姻。虽然离婚了，但佐迪图与古格萨总是暗地里见面，持续着两人的浪漫爱情。佐迪图在位期间，古格萨一直在暗中辅佐着她。古格萨深知塔法里和佐迪图政见分歧很大，而且知道塔法里试图说服佐迪图接受自己的改革观点，而佐迪图一点没有要改革的意思的时候，塔法里就开始筹备和集建自己的军队了。古格萨一直看不惯塔法里的作风，曾多次向佐迪图表明自己愿意为她除掉塔法里，无奈佐迪图并没有这个意思。佐迪图与塔法里因为改革之事争吵不休，矛盾不断升级，最终佐迪图还是萌生了除掉塔法里的想法。她想到古格萨曾说过愿意为她除掉塔法里，稳固她的统治地位，于是给古格萨发了一封密信，告诉他自己打算杀掉塔法里的计谋。得到密报的古格萨开始着手准备为佐迪图除掉塔法里，可惜计谋失败，而古格萨更是为此丧命。

古格萨死后，佐迪图便因愧疚日夜陷入梦魇之中，甚至神志不清，一个月后也病逝了。佐迪图生前几日，每日都去教堂祷告，祈求上帝原谅她害死了深爱的古格萨。

03 / 在守旧的无奈中黯然离世

佐迪图女皇从即位到退位，经历了第一次世界大战，以及"一战"后的国家变革潮。国家一直都处于内忧外患之中，女皇也面临着各种各样纷繁复杂的政务。自始至终，佐迪图女皇都坚持着自己的保守思想，乃至最后对于国事产生了极其厌恶的情绪。这位信仰东正教的女皇开始大肆修建教堂，在一年之内就在埃塞俄比亚国内修建了成百上千座教堂。此时的她已经无暇顾及国事，而且手中也没有掌握多少权力，国家大小事务基本由摄政王塔法里处理。

佐迪图女皇自幼在教会学校读书，除了接受过一点教会教育之外，没有接受过其他教育，且从小到大一直生活在皇宫中，并没有出过国门，也没有见识过外面的世界，因此她笃信宗教，不会外语，在执政期间表现出极端保守的姿态，并且极度恐惧和厌恶外国人。她极度守旧、故步自封，与塔法里公爵形成了鲜明的对比。塔法里公爵则曾出使国外，有所见识，他的血统通过其父马康·南沃德·迈克尔·古格萨公爵的祖母，可以上溯到自称有所罗门血统的绍阿国王海尔·塞拉西，因此塔法里同皇族多少有点儿亲缘关系。与其说是"所罗门血统"使他获得了显赫地位，不如说是他自青年时代就表现出来的干练和努力成就了他。塔法里年幼时就曾经跟随他的父亲马康南公爵代表孟尼利克皇帝去参加英王爱德华七世的加冕典礼，而且不止一次去过欧洲。他还自幼在法国传教士以及首都亚的斯亚贝巴的孟尼利克二世学校接受过现代化教育。因此，塔法里思想开放、热衷改革。

第一次世界大战结束后，当世界各国都在进行变革之时，埃塞俄比亚国内也面临着同样的问题，但是佐迪图女王拒绝一切新的事物，拒绝在埃塞俄比亚进行变革，因此她成为变革中的保守派。塔法里见识过欧洲以及更广阔的世界，了解世界很多国家都在进行着改革，曾亲自感受到农民对封建国家的强烈不满，因此他对于使埃塞俄比亚进行变革，走上现代化道路的迫切性比女皇体会更深。

也正是因为这样，两人一直坚持着不同的立场，形成了两大派系。当时处于封建专制社会的埃塞俄比亚极力加强中央政府的权力，削弱地方权贵的势力。佐迪图女皇政权在握，塔法里的改革一直难以取得进展。他的改革遭到了以陆军大臣哈布塔·乔治斯为中心的保守派的反对。但他并没有放弃改革，因为他对欧洲各国进行过广泛的访问，深知埃塞俄比亚与世界各国现代化有着巨大的差距，唯有改革才能救埃塞俄比亚，这是他心中的信念。因此，年轻的摄政王塔法里为了大力推动埃塞俄比亚的改革运动，不得不建立起了自己的军事力量，来作为推行改革的后盾。塔法里起初想要说服女皇和保守派大臣，于是就不断地努力。为了让统治帝国的贵族阶级亲眼看看埃塞俄比亚与欧洲国家的巨大差距，让保守势力认识到实行现代化的迫切性，同时更是为了保险起见，他命令国内最有势力的贵族陪同他出国访问。塔法里一行出访了埃及、圣地耶路撒冷、希腊、意大利、瑞士、法国、比利时、卢森堡和英国等国家，之后还以私人的身份访问了德国和瑞典。访问期间，塔法里在英国接受了剑桥大学授予的名誉学位，在意大利接受了国王维克托·爱曼纽尔三世授予他的"天使报喜大勋章"。通过这次访问，欧洲的繁华、科技、工业和军事力量动摇了一些保守派，改变了一些贵族的保守态度。然而即使如此，佐迪图女皇和一些保守派的顽固态度，还是使他试图为埃塞俄比亚建立一个出海口的努力落空了。虽然如此，塔法里的改革态度还是赢得了一些知识分子、接受过现代教育的青年贵族的支持。在广泛的支持下，塔法里继续着自己的改革。

不论塔法里如何努力，佐迪图女皇和她的保守势力依旧拒绝一切改革。塔法里逐渐成为封建贵族改革派的领袖，自称青年埃塞俄比亚派，与佐迪图为首的顽固保守派展开了激烈的斗争。埃塞俄比亚形成了两个权力中心并存的局面。青年埃塞俄比亚派深感世界处在大变局之中，埃塞俄比亚也应顺应时代，非变不可。他们一边积极地呼吁和宣传改革，一边尽自己所能进行变革。他们呼吁：世界上如中国和日本等其他古老的国家都在致力于革新，埃塞俄比亚却远远落在后面，埃塞俄比亚人民迫切需要从梦中惊醒，看到世界的巨变，着手进行着自己的改革。他们激烈地谴责着身居高位却置国难于不顾的王公贵族，说他们肆意挥霍着劳动人民缴纳的税金。青年埃塞俄比亚派还主张效仿西方近代生产技术和统治方法，来改革埃塞俄比亚的封建体制，进而缓和尖锐的阶级矛盾，发展经济，加强统一，使正在走向衰败的埃塞俄比亚获得新生，并再次振兴。但是，以佐迪图为首的顽固派却强烈反对任何改革和变动，尤其反对使用先进技术和效仿他国改革封建体制的措施。这个由世俗显贵和教士组成的保守势力，认为分散落后的自然经济就是他们永远的生存根基，改革只会给他们带来社会地位的削弱和权力的消失，因此他们为了一己之利一味地抵制改革。这些保守派人士对教育和科学的排斥和恐惧达到了惊人的地步。其中的主要代表就是军事大臣哈布塔·乔奥吉斯，他曾经愚蠢地说从来没见过火车，并且认为飞机是儿童的玩具，是对全能的上帝的冒犯，是外国人的鬼花样。在两大派别死死争斗了许久之后，顽固派怂恿女皇出面削弱改革派势力，特别要收回塔法里摄政王的权力，并且谏言让女皇重新任命军队将领和官员，加强管理财政和其他国务。佐迪图女皇听信了守旧派的谏言，谋图削弱塔法里的权力。

改革派和守旧派的沟通始终没有成功，矛盾愈演愈烈，朝政之上，时常发生纷争和争辩。终于，1930年，佐迪图女皇为了维护自己的统治地位，密谋了极具冒险性的叛乱，企图除掉摄政王。她秘密下令自己的前夫古格萨公爵起兵叛变，进军首都。同年3月，古格萨在冈达尔举起了叛旗，他带领着1万名士兵、10挺机枪和两门大炮向首都亚的斯亚贝巴进军。他以为塔法里没有多少军事力量，自己这一仗是必胜无疑。为了佐迪图女皇的统治地位，他也必须胜利。殊不知，塔法里早料到了这一天的来临，一直在壮大自己的军事力量。得知古格萨发起叛乱，进军首都，塔法里毫不慌乱，只是微微一笑，便带着30挺机枪、5门大炮和两架军用飞机前去迎接。战争一开始，古格萨的军队就处于劣势，他带领的警卫队人数不敌塔法里，武器装备也远远不及塔法里，因为塔法里有两架军事飞机，古格萨军队的地面动向被塔法里的两架战机一览无余，塔法里军队的机枪、大炮、战机一下子就打垮了古格萨军队的士气，打得古格萨军队措手不及。最终，古格萨因为军事力量不足，寡不敌众，很快被塔法里的陆军打败，他的军队也被塔法里全部歼灭。这次叛乱可以说是古格萨军队全军覆没，塔法里完美取胜。

平息了叛乱之后，塔法里和他的亲信们深信这是女皇佐迪图指使所为，是佐迪图的阴谋。当即塔法里便去质问佐迪图女皇，佐迪图没有想到古格萨这么快就被镇压了下去，并且战死沙场。面对失败和质问，佐迪图一方面为了平息众愤，另一方面也是为了自己的统治地位能够保住，她坚决否认自己和古格萨的叛乱有关系。塔法里和他的亲信们却不相信，他们说只要佐迪图签署并发表声明，说古格萨犯有反叛之罪，他们就愿意相信佐迪图女皇。佐迪图不得已签署并发表了自己的前夫古格萨犯有叛乱之罪。叛乱失败后的一个月，对前夫满是愧疚，对自己的执政也没有了任何信心的佐迪女皇在心力交瘁中去世，终年54岁。对于佐迪图的突然死亡，外界众说纷纭，有人怀疑她是被人毒害致死的，也有人认为她因为古格萨的死悲伤过度，心脏病突发而死。官方承认的是，女皇是被治疗糖尿病的传教士折磨死的。埃塞俄比亚历史上唯一的女皇帝就这样结束了她的一生。

佐迪图女皇为首的保守派最终没有取得胜利，而是随着计谋的失败而落败，最终还是变革派取得胜利。埃塞俄比亚注定要进行变革，注定要破除封建统治，开启新世界的大门。

勇于革新的末代皇帝

——海尔·塞拉西

海尔·塞拉西一世（1892—1975 年，1930—1974 年在位），埃塞俄比亚帝国末代皇帝。他出生于埃塞俄比亚帝国哈拉尔洲绍阿的贵族家庭，原名塔法里·马康南，在 1916 年政变后拥护孟利尼克二世的女儿佐迪图担任女王，并担任皇太子兼摄政王。1924 年 4 月前访欧洲，并使埃塞俄比亚帝国加入国际联盟。1930 年佐迪图女皇去世，海尔·塞拉西遂继承其位，大力推行其改革制度。海尔·塞拉西执政初期效仿西方制度，制定宪法、开设银行、创建空军、鼓励发展科技等，推动了埃塞俄比亚前进的步伐。1936 年，意大利入侵，海尔·塞拉西被迫流亡英国。1942 年，海尔·塞拉西回国，在英国的支持下，取得了抗意战争的胜利，恢复了国家的独立。20 世纪 50 年代后，海尔·塞拉西因继续实行独裁统治，激起了国内矛盾。1973 年，埃塞俄比亚爆发了内战。1974 年，海尔·塞拉西因在内战中遭到拘禁，被迫退位，次年病逝。海尔·塞拉西统治期间，为世界反法西斯战争做出了重要贡献，尽管他晚年的施政措施不能顺应时代的潮流，但是他为埃塞俄比亚国家统一、民族独立、社会发展所做出的努力和成就是不可否认的。

01 贵族家庭出身

埃塞俄比亚南部绍阿有一个贵族家庭，男主人是当地有名的马康南公爵。公爵家拥有尊贵的地位和难以计数的财富以及众多的佣人。马康南公爵在埃塞俄比亚第一次抗意战争中立下赫赫战功。在家里，他把一切都安排得井井有条，所有的佣人分工明确，各司其职，甚至宠物都有专人管理，这是马康南公爵一贯的做事风格。1892年7月23日，马康南公爵的妻子产下了一个男婴。这个小婴儿就是后来埃塞俄比亚历史上有名的海尔·塞拉西一世。

马康南公爵给他的儿子取名塔法里·马康南。他带有贵族血统，从小在贵族家庭长大。幼年时期的塔法里·马康南也像所有的小男孩一样，拥有顽皮的天性，也总会搞一些小小的恶作剧。由于家教严格，父亲安排一位法国传教士教授他知识。塔法里的大多数兄弟姐妹都没有长大成人就夭折了，好在塔法里坚强地活了下来，马康南公爵相当宠爱他。

1906年，青年时期的塔法里·马康南进入新式学校读书。幼年时塔法里就记忆力惊人，青年时期更是优秀。他学习课堂上老师教的，还学习老师没有教的，他学习普通的文化知识，还学习国内外政治知识。学生时代的塔法里·马康南就是一个优秀杰出的青年，他的父亲一点也不担心他的学业，倒是有点担心他的问题会难倒老师。他在学校里获奖无数，被同学们称作"学霸"。他保持着自己优秀的状态，将"优秀是一种习惯"诠释得淋漓尽致。他的身体里继承了马康南公爵优秀的基因。他能几年如一日地读书，不为外物所诱惑，足以见得他的性格坚毅；他敢于说出不同于老师的见解，敢于反对权威，足以看出他的求是的学习精神；他学习国内、国际知识，废寝忘食的精神更是让人看出他的卓尔不凡。在1906年进入新式学校读书时，他就被任命为萨拉尔地区挂名的分督（地区的统治者）。他没有被权力蒙蔽双眼，仍然继续自己的学业。1909年，他结束了学业，出任锡达莫省总督。1911年，其兄病逝，塔法里接任哈拉尔省总督。塔法里·马康南仕途坦荡，这与他出生在一个贵族家庭息息相关。父亲的经历影响着他，言传身教，潜移默化，将他塑造成了一个精英。

02 / 从总督到摄政王

1906年,塔法里的父亲马康南公爵撒手人寰。不久,母亲也离世。这使得塔法里的心情低落了很长一段时间。他的哥哥伊尔玛侯爵接替了父亲的位子,成为哈拉尔省总督,塔法里被封侯爵,并成为萨拉尔县的县长,兄弟二人并肩作战,准备在仕途上留下像父亲一样的足迹。然而,天有不测风云,1911年,塔法里的哥哥也去世了。哥哥的去世给塔法里造成了极大的打击。偌大的家族,曾经相依相伴的亲人都离去了,整个大家族只留下了塔法里一个人。哥哥离世后,他被任命为哈拉尔省总督。在位期间,他努力走出亲人离世的阴影,投身到改革中去。

在塔法里担任哈拉尔省总督期间,结识了他的妻子——孟仑。孟仑是名副其实的大家闺秀,父亲是沃洛省米海尔王。米海尔王非常欣赏塔法里,虽然他还只是一个小小的总督,但是米海尔王还是把自己的宝贝女儿嫁给他。随后,塔法里在众人的祝福中将孟仑娶进家门。妻子的家世让塔法里的政治地位和社会影响提高了不少。塔法里爱他的妻子，感激他的妻子。很快，塔法里投身到了改革的浪潮中。他继续推行他的改革，为抑制土地兼并，缓和国内矛盾等问题，不遗余力。

塔法里·马康南是一位博览群书、通识国内外局势的有志热血青年，在阅读中，他发现西方国家已经把埃塞俄比亚远远地甩在了身后，如果再不进行改革，国家将会遭受灾难。西方国家的政治格局更加完善，经济发展更加迅速，现代化的机器已经走进了家家户户。他羡慕西方国家的发展，他希望自己的国家也能够像西方国家一样走在世界的前列，他自然不会同意佐迪图政权的做法。在他主张学习西方的先进技术，引进西方国家的政治模式遭到反对后，为了实现自己的抱负，塔法里·马康南默默努力。他相信国家需要的是现代化的经济和先进的政治体制。

1916年佐迪图称帝，塔法里被推举为摄政王。从这时候起，塔法里开始进入国家权力的中心。由于爵位的提升，塔法里拥有了更多的权力，他力推自己之前进行的改革。他在位期间，埃塞俄比亚与美国、意大利、日本友好，各方和平共处。塔法里用自己的手段，维护着祖国的和平。可就在塔法里·马康南准备大干一场，竭尽全力发挥自己的聪明才智时，国内的反对声音渐起。原来在孟尼利克二世的女儿佐迪图称帝后，故步自封，并没有使国家走上欣欣向荣的道路。保守派守着父辈打下的江山，不为祖国的繁荣昌盛而努力，却对改革的进程设置各种各样的阻力。在不断的改革过程中，塔法里意识到，想要突破外界的阻力很容易，但是想要进行自我提升却是难上加难。他不断地否定自己，但是又找不到更好的办法。书本上学到的西方先进技术只是一纸蓝图，真正实施起来困难重重。他萌生了到西方大国亲自看一看的想法。当别人听说了他的想法后，都以为他疯了，好好的官不当，偏偏要去周游列国。一些反对派还讥讽他，说他江郎才尽，没有更好的办法了，还劝他尽早离开，放弃自己的改革。塔法里没有理会众人的风言风语，开启了他为期两年的世界之旅。他要走出国门，看看外面的世界，学习西方国家先进的经验。

从1923年起的两年时间，塔法里访问了也门、巴勒斯坦、埃及、法国、比利时、荷兰、瑞典、意大利、瑞士、希腊等十几个国家。不能到遥远的地方去，他就到附近的国家，不能去发达国家，发展落后的国家他也去，每个国家都有值得学习的地方。两年的时间对他来说远远不够，他只去了十几个国家，还有很多地方他没能亲自去看看；两年的时间又绰绰有余，每到一个国家，他都认真学习考察当地的政治、经济、文化、风俗习惯。他把值得学习的经验深深地印在脑海里，他要重新建设埃塞俄比亚。世界上优秀的、值得学习的经验太多了，世界是一个取之不尽的智慧园。待他回到埃塞俄比亚去，他要用先进的技术、完善的政治制度造福人民。

1925年，塔法里回到埃塞俄比亚，大刀阔斧地开始了自己的改革，国内支持改革的人都集结到塔法里这里。可大权在握的佐迪图女皇自然不会任由其发展，于是精心策划了两次试图打压塔法里·马康南的行动。但是塔法里·马康南亦没有坐以待毙，他利用自己的力量获得了小部分的支持，在自己的不懈努力下，一举粉碎了佐迪图暗中支持的两次计阴谋。后来，他的势力得到增强和壮大。这时候支持改革的古格萨忽然成为反叛者。实力强大的古格萨正是女皇佐迪图的前夫，他受命于佐迪图女皇，于1930年发动了叛乱。

当古格萨叛军开始行动时，塔法里设计了一个陷阱，引诱古格萨军队进入塔法里布好的包围圈。塔法里用上了自己引进的新式武器，给古格萨军队以沉重的打击。古格萨势力负隅顽抗，塔法里用自己的战略战术、新式武器打击古格萨残余势力，还一边发布消息说古格萨势力即将被消灭，他们没有先进的武器，只是佐迪图政权的附庸。此外塔法里还大肆散发传单，让人们不要再相信古格萨的鬼话，一时间战场上的形势出现了一边倒的情况。虽然古格萨仍有一小部分势力在抵抗，但是最终的胜利属于塔法里。

古格萨势力败下阵来，佐迪图女皇感到隐隐的不安。塔法里的势力壮大不是一天两天了，而且手握军权，佐迪图也奈何不了他。在塔法里改革初见成效的时候，佐迪图的部分支持者就倒向了塔法里这一边。古格萨战败后，佐迪图基本处于被孤立的状态。没有军权，就很难有局势的控制权。佐迪图此时坐立不安，她能调动的仅仅是身边的几十个侍卫。佐迪图已经意识到塔法里要篡位夺权，于是召见塔法里，想借此时机将他铲除。可塔法里毫不惧怕，他从容地走出客房大门。这时，他的妻子带着自己的警卫赶到皇宫，击败了毫无准备、猝不及防的佐迪图的近卫队，塔法里控制了女皇。此后，佐迪图女皇在失望和愧疚中一病不起，几日后离世。塔法里·马康南推翻了佐迪图政权，加冕称帝，自称海尔·塞拉西一世，而他也成为埃塞俄比亚的末代皇帝。

03 / 改革一直在继续

1930年塔法里正式称帝，成为海尔·塞拉西一世，他的妻子孟仑加冕为皇后，儿子被立为皇太子。在众多支持者的目光中，海尔·塞拉西终于成为这个国家最有威望、掌握重权的皇帝。海尔·塞拉西时代来临了。

登上皇位的海尔·塞拉西一世马上投身到了全国各行各业的改革中。在此之前，他最为反对的事情就是贩卖奴隶，今天，他终于有权力制止这件事情了。首先海尔·塞拉西严格执行禁止贩卖奴隶的赦令，同时加大处罚力度。此前虽然有法令明文规定不允许贩卖奴隶，但人们还是会偷偷摸摸地进行，政府却总是睁一只眼闭一只眼，不予干涉，所以奴隶贩卖的事情屡禁不止，奴隶对自己摆脱奴隶身份的事情也感到非常绝望。他们不再抱有希望，他们认为没有人会真正禁止奴隶贩卖，所有的当权者只是出台一些法令，至于实施的程度如何，从来没有人关心。可是这一次海尔·塞拉西一世下定决心一定要废除奴隶制。他成立了专门的消除奴隶贩卖的执法小分队，严查各种贩卖奴隶的行为，一旦被发现，将受到严厉的处罚。如果当局者有包庇、纵容的行为，也会受到严厉的处罚，情节严重的直接撤职。当权者为了保住自己的乌纱帽，不敢有丝毫的松懈。这一次法令的实施比以往任何一次都要严格，奴隶们的心中重新燃起了希望。越来越多的奴隶被特赦，恢复了自由的身份。有些当局者还想着投机取巧，认为自己做的事情神不知鬼不觉，然而还是被海尔·塞拉西一世发现了。他们不仅被撤了职，还被移交法院惩办。所有人都看到了海尔·塞拉西废除奴隶制的诚意和决心。随后，因为法令得到切实执行，被释放的奴隶一度达到4万多人。

除了严格禁止贩卖奴隶外，海尔·塞拉西一世还在很多方面进行了改革，涉及科学文化、立法制度、教育、军事等各个方面。科学文化方面，海尔·塞拉西见识了其他国家先进的科技成果，他也在国内推行崇尚科学的改革，国内没有人才就引进国际人才，国内没有设备就从国外进口。总之，他要消除科学进步路上的一切绊脚石。海尔·塞拉西一世也重视教育事业的发展，他设置了专门的机构发展教育，因为他深知教育对一个国家的重要性，他就是教育最直接的受益者。海尔·塞拉西兴建学校，大办教育事业，哪里需要学校他就把学校修到哪里去。他修建了女子学校、子弟学校，满足不同社会人群对教育的需求。在学校里，他要求学生除了学会本国语言、掌握一定的科学知识外，还要学习英语或法语。他想让埃塞俄比亚更加强大，必须使青年人走出国门。当国内的教师无法满足新式课程的教授时，他就聘请外国教师，制定优惠政策吸引人才。同时他还派遣学生出国留学，学习国外更前沿、更先进的知识，用知识武装国民的头脑，用教育塑造国民的人格。他孜孜不倦地为教育事业付出，用教育增强国家软实力。海尔·塞拉西一世重视军事改革。有强大的军队才有保家卫国的力量。他先建立了由皇帝自己掌握的军队，在人数上有所保障。但他没有把军权集中在自己一个人手中，而是在每个省建立了该省所属的军队。在军队的训练上，他知道自己国家的不足。为了训练出技术过硬的队伍，他派遣有能力的青年到法国、意大利等国家学习军事技术，同时聘请外国的军事使团来训练国内的军队。埃塞俄比亚的军事力量日益强大。海尔·塞拉西一世不满足于此，他除了训练陆军，还建立了一支新型空军，填补了埃塞俄比亚没有空军的空白。没有机场就新建机场，没有飞机就进口飞机，没有飞行员就培养飞行员，没有教练他就从国外聘请教练。总之，没有什么问题能难倒他。为了保证空军兵力来源，尤其要选拔素质高的飞行员。海尔·塞拉西一世在国内实行征兵制，有效地解决了这一难题。改革中遇到的阻力不小，但海尔·塞拉西一世改革的决心已定，不管遇到多大的困难，他都要想尽办法解决。

04 / 从流亡到重登皇位

和平的时光总是很短暂，埃塞俄比亚作为非洲之角的一块肥肉，被很多国家觊觎已久，意大利更是按捺不住，想要吞下这块肉。第一次埃意战争结束后，战败的意大利也需要休整便消停了几年时间，几年之后，意大利国内的政治经济得到了恢复发展，又想卷土重来。意大利不断地骚扰埃塞俄比亚，不断制造小的冲突，但都是露一下面就偷偷逃走了。埃塞俄比亚也没有足够重视，他们认为意大利短时间内不会发起战争。但是最严重的一次冲突让海尔·塞拉西一世忍无可忍，这一次冲突竟然发生在一个驻军哨所。意大利蓄谋已久，给毫无防备的埃军造成了重大创伤，意军枪杀了大量埃军。不但如此，意大利军队还用钱物贿赂埃塞俄比亚的各省诸侯，专门对那些支持海尔·塞拉西一世的人下手。意大利不断地挑拨地方诸侯和皇帝之间的关系，海尔·塞拉西一世当然不能坐视不管。面对意大利的不断骚扰，海尔·塞拉西一世原本想用和平手段解决，他不想发动战争，不想让自己辛苦建设的国家毁于战火，希望与意大利侵略者签订和平共处的条约。但是意大利并不愿意签订和平条约，这无法满足意大利的野心。海尔·塞拉西一世又寄希望于国际社会，希望国际社会能够给予帮助。当希望再次落空，海尔·塞拉西一世明白了，他只能寄希望于自己，他要像他的父亲一样，勇敢地抗击意大利侵略者。

1935年，意大利不断叫嚣要发动战争，火药味越来越浓，战争一触即发。海尔·塞拉西一世也在为应战做着积极的准备，他号召广大人民团结起来，为保卫自己的国家而共同战斗。他知道埃塞俄比亚面对的是强大的敌人，所以他必须做好充足的准备。军队兵力不够，他号召广大人民群众加入战争中来作为储备军。他在全国范围征集粮食，动员人们参与到战争中来，争取一举打跑意大利侵略者。海尔·塞拉西一世深得民心，广大劳动人民都参与到战争中来，农民们把自家种的粮食运到战场上，家里的牲畜用来运送弹药，运送伤员。海尔·塞拉西一世亲自指挥战争，战士们斗志昂扬，从国外进口的新式武器全部派上了用场。战士们意气风发，在海尔·塞拉西的率领下，与敌人展开了激烈的战斗。意大利也倾巢而出，战场上的厮杀异常激烈。1936年，在意大利军队的狂轰滥炸甚至毒气的威胁下，埃塞俄比亚渐渐败下阵来。梅丘战役后，埃军败局已定。经过大臣们的商量，大多数人同意海尔·塞拉西一世带着家属离开埃塞俄比亚。1936年5月2日清晨，海尔·塞拉西乘坐专列火车离开祖国，开始了4年的流亡生涯。

战败后的海尔·塞拉西一世秘密流亡海外，背负着"亡国"的罪名。海尔·塞拉西在海外的生活并不轻松，有时候连正常生活都不能保证，处境极为艰难。曾经的一国皇帝，忍受着身体和灵魂的双重煎熬。但是困苦的生活并没有将海尔·塞拉西击垮，他相信自己一定会东山再起。流亡期间的海尔·塞拉西仍然坚持自己的主张，坚定地反对意大利殖民者的侵略。他辗转几地，最后流落到了英国，在英国成立了自己的流亡政府。

在英国生活期间，英国政府根本没有把海尔·塞拉西一世当作一个国家的皇帝来看，甚至连普通人的待遇都没有。生活上，他处处受人排挤。只要人们知道他是埃塞俄比亚的皇帝，总能找到各种理由欺负他，他的家人也同样被歧视。

英国政府甚至不承认他是埃塞俄比亚的皇帝,他想要见国王和首相,也遭到了拒绝。英国政界的很多官员都劝海尔·塞拉西一世不要再抱有希望了,劝他主动退位,有些人公开宣称海尔·塞拉西一世再也无法恢复他的统治了。这些流言蜚语并没有给海尔·塞拉西造成太多负面的影响,反而激发了他的斗志。英国、法国都不愿承认他是埃塞俄比亚的国家元首,他们为了自身的利益和意大利勾结。海尔·塞拉西一世开始在国际社会表达自己的愿望,勇敢地发出自己的声音,面对强权他毫不胆怯。他谴责意大利在战争中利用毒气屠杀手无寸铁的平民。海尔·塞拉西一世还识破了英法的阴谋,他把这些全部在国际联盟大会上揭露出来,让世界上的其他国家看到英、法、意的真实企图。他不断地表达自己的诉求,得到了世界上争取和平、反对战争的国家的支持。正是海尔·塞拉西一世不放弃表达自己的呼声,才让他看到了回到祖国的希望,起码国际上有人支持他。

在海尔·塞拉西一世流亡英国期间,国内支持他的势力一直在进行抵抗。他们秘密同海尔·塞拉西一世取得联系。海尔·塞拉西一世虽然人在国外,但一直鼓励他们不要放弃希望。同时，海尔·塞拉西一世在国际会议上的讲话被出版并秘密运回国内，在国内广为流传，产生了深远的影响。1940年，意大利对英、法的宣战破坏了三国的同盟关系，海尔·塞拉西一世趁机于1942年返回埃塞俄比亚，组织了新的政府。他把光复祖国的消息印在传单上，散发到埃塞俄比亚的各个角落。海尔·塞拉西一世的回归使得支持他的人迅速集结起来，短时间内就建立起一支军队。海尔·塞拉西一世一直是他们心中的皇帝，他们愿意追随他。这一次海尔·塞拉西一世不再孤军奋战，他联合英国军队，得到他们的配合，很快就收复了被意大利占领的首都。但英国当然不想做无用功，也希望在战争胜利后分一杯羹，英国希望在埃塞俄比亚夺回被意大利占领的土地上建立英属殖民地，但是海尔·塞拉西一世以强硬的态度回绝了英国的提议。最后英国不得不放弃他们的企图，承认埃塞俄比亚是一个独立主权国家。经过将近5年的蛰伏，海尔·塞拉西又恢复了自己的身份，狠狠地打击了意大利侵略者，为埃塞俄比亚赢得了尊严。海尔·塞拉西一世的人格魅力显露无遗。青年时期那个坚毅、勇敢、不放弃的海尔·塞拉西又回来了，正是他的努力才有了埃塞俄比亚的独立与和平。在以后的日子里，埃塞俄比亚在海尔·塞拉西一世的领导下逐渐走出战争阴霾，恢复往日的平静。

05 走上专制独裁之路

20 世纪 50 年代以后，海尔·塞拉西一世的地位逐渐趋于稳定。他不再有年轻时的勇往直前，他开始畏惧改革，坐享自己打下的江山。随着美国的一步步强大，海尔·塞拉西一世开始寻求美国的庇护。为了得到美国的支援，海尔·塞拉西一世一步步丧失了自己，同美国签订了多项协议，并允许美国在埃塞俄比亚建立军事基地。并且他支持埃打开国门，允许西方国家在埃国境内自由贸易，极大地满足了西方国家的要求。甚至在 1950 年的朝鲜战争上，海尔·塞拉西一世也派遣了一支军队加入以美国为首的联合国部队。他还免除一些货物的进口关税。西方国家纷纷到埃塞俄比亚投资建厂，并将生产所获得的利润转移到本国去，埃塞俄比亚逐渐沦为西方大国创造利润的工具，尤其美国获利最大。海尔·塞拉西一世的纵容、默许政策使埃塞俄比亚的发展急转直下。

在国内，海尔·塞拉西一世一改往日的民主作风，开始推行专制独裁统治。为了进一步加强皇帝的权威，海尔·塞拉西专门制定了法令，维护皇权不受侵犯。他制定了皇位的世袭制，以保全自己家族的绝对地位。晚年的海尔·塞拉西一世开始享受奢靡的生活，他把国有的金矿据为己有，来满足皇室的开支。年轻时的海尔·塞拉西一世总是把国家的利益放在首位，而晚年的他不仅浪费国家的钱财贪图享乐，而且对国事不管不问。皇室的开支给国家背上了沉重的负担，在一个以农业发展为主的国家，想要满足皇室的巨额开支是一件相当困难的事情。埃塞俄比亚的国库已经入不敷出，国家发展举步维艰。无论是对西方大国的态度，还是对国内的改革，抑或是海尔·塞拉西一世自己的生活都与之前判若两人。海尔·塞拉西一世的行为引发了皇室和人民的不满，全国各个阶层都开始起来反抗他的专制独裁，反对他的奢侈的生活。埃塞俄比亚失去了往日的平静，国内动乱不断发生。

1960年，青年军官门吉斯图赢得了一些人的支持，发动政变，要求实行变革，时值海尔·塞拉西一世出访巴西。得知消息后，海尔·塞拉西一世匆忙回国，镇压了这次政变，对门吉斯图等政变领导人处以极刑，以巩固自己的统治。但此时海尔·塞拉西一世的政权已经岌岌可危，国内经济发展严重落后，人民怨声载道，昔日繁荣的景象全都没有了。1962年，海尔·塞拉西一世的妻子孟仑因病去世，这又给他带来沉重的打击。海尔·塞拉西一世极其悲痛，更是无心掌管国家事务。他的性格变得越来越孤僻，不愿与人交流。埃塞俄比亚经济发展日益困难，甚至已经无法解决吃饭的问题，但是海尔·塞拉西一世不闻不问，整日沉迷于纸醉金迷的生活中，他在人们心目中的英雄形象已荡然无存。

与皇宫的奢华生活形成鲜明对比的是底层老百姓的生活，皇宫内灯红酒绿，极尽奢靡，而老百姓却过着食不果腹的生活。自然灾害频发，农民辛辛苦苦种的粮食颗粒无收，大街上到处都是乞讨的农民。但是由于乞丐众多，谁也讨不到食物。似乎天灾人祸已经让埃塞俄比亚的农民丧失了生活的尊严，他们没吃没穿，比不上皇宫里达官显贵养的一条狗。极度的贫困，引发了农民的动乱，农民为争夺食物而战，他们只是想生存下去。为了保住性命，农民开始抢夺地主的粮食，与地主阶级展开斗争。农民的冲突还没有得到有效的解决，军队又发生了暴乱。由于自然灾害和经济萧条，军队里水源和粮食的供应不足，部队由于缺少水和食物而发动兵变，战士们也需要为了自己的生命能够维持下去而战斗了。他们发动起义，要求国家改变他们的现状，增加粮食，增加军饷。为了缓和冲突，海尔·塞拉西一世答应半年之内改变现状，他答应了军队战士提出的要求。但是没有人知道，这只是一张空头支票，要去哪里兑换，没有人给出答案。然而冲突和斗争并没有停息，农民纷纷起义，战士们发动暴乱，学生和工人也坐不住了，他们的利益也受到了严重侵犯。学生们纷纷罢课，要求提高学校的建设水平。当前的教育根本无法满足学生的需求，教授的知识落后，学校设施陈旧，而学生毕业后，根本没有就业岗位，学生要求改善学习环境并增加就业机会。教师也开始罢工。以前的教师有充实自己的机会,有参加培训、出国深造的机会,现在非但没有这些机会,工资还一降再降,薪水无法满足正常的生活开支。教师也为了自己的利益而战斗。海尔·塞拉西一世政府为了解决学生和老师的冲突,竟然关闭了学校。

整个20世纪60年代,工人罢工,商人罢市,埃塞俄比亚的经济发展倒退了几十年。昔日工厂里"轰隆隆"的机器声没有了,有的工人甚至变卖了工厂里的机器,没有被卖掉的机器也蒙上了一层厚厚的灰尘。土地荒芜,学校关闭,工厂废弃,军队暴乱,埃塞俄比亚整个国家处于一片混乱之中。进入70年代后,埃塞俄比亚经济严重恶化,民怨沸腾,人民斗争不断,军队镇压更加残酷。海尔·塞拉西一世只是口头承诺要改变国家的现状,实际上他毫无办法。一次又一次的言而无信,让人们不再相信这位曾经带领埃塞俄比亚人民走向美好生活的皇帝。

1974年6月28日,埃塞俄比亚终于爆发了革命起义。军队自己组织了"协调委员会",他们不再受海尔·塞拉西一世的指挥,奋起反抗。他们把皇宫里享受生活、浪费钱财的达官显贵全部抓起来，海尔·塞拉西一世也难逃一劫，被软禁在皇宫。全国人民拍手称快，那个晚年昏庸无能的皇帝终于要结束他的统治了，人们又看到了希望。1975年8月27日，海尔·塞拉西一世因病去世。

海尔·塞拉西一世晚年的统治给他的人生增添了败笔，但是不可否认的是，他是埃塞俄比亚历史上著名的皇帝。他早年的经历被广为流传。青年时期的海尔·塞拉西一世努力学习，热爱读书，被人们传为佳话。他立志改革，发展国家经济、教育，改善交通，同意大利侵略者顽强斗争，使埃塞俄比亚摆脱了殖民统治，走上了现代化的道路。海尔·塞拉西一世推行多元外交，利用大国，借助美国的帮助，维护埃塞俄比亚的和平，他的举措对整个非洲产生了深远影响。

赤脚的马拉松冠军
——阿贝贝·比基拉

阿贝贝·比基拉（1932—1973年），也有的翻译为"阿贝贝·贝基拉"，埃塞俄比亚马拉松运动员，奥运会历史上第一个连获两届奥运会马拉松金牌的运动员。他出生于埃塞俄比亚的一个小村庄。由于家境贫寒，比基拉每天都跑步到几千米外的学校上学。长大后，加入宫廷卫队。他每日除了站岗放哨以外，就是跑步。1960年，第17届奥运会在意大利首都罗马举行，比基拉赤脚夺得马拉松冠军。1964年，东京奥运会，比基拉手术后参赛，再次取得马拉松冠军。1968年第三次参加奥运会时，因伤病退出。1969年，比基拉不幸遭遇车祸导致残疾。4年后，脑溢血夺走了这位年仅41岁的体坛传奇人物的生命，当地7.5万余人参加了他的葬礼。比基拉是现代奥运会历史上迄今为止唯一连获两届奥运会马拉松运动项目金牌的运动员。他不仅是长跑马拉松界的传说和现代奥运会历史上的传奇人物，还是埃塞俄比亚人民的民族英雄，也是非洲人民乃至世界人民的骄傲和偶像。

01 / 放羊娃的理想

1932年8月7日,在第10届夏季奥运马拉松比赛在洛杉矶举办。远在洛杉矶万里之外,埃塞俄比亚首都亚的斯亚贝巴附近一个贫穷的小山村里,有一个羊倌儿的家庭此时此刻欣喜万分。家里迎来了一个健康的大胖小子。这个刚出生的孩子,一出生就哭声震天响,响彻村中的角落,回荡在山中。他的两个小脚丫一刻不停地乱蹬着,谁也不会想到这个在奥运会马拉松比赛日出生的孩子,日后会跟马拉松以及奥运会结下不解之缘,或许这个男婴命中注定要成为一名马拉松运动员。

这个男婴的父母给他取名为"阿贝贝"。"阿贝贝"一词在埃塞俄比亚语里代表"盛开的花朵"的意思,他的父母希望这个男孩未来能像花儿一样向着阳光绽放,茁壮成长。

然而,这朵"花"的生存环境却较为严酷。埃塞俄比亚地处东非高原,气候干燥,土地贫瘠,阿贝贝家的生活并不富裕。当地人由于买不起鞋子,常年赤脚行走。阿贝贝·比基拉自幼出生在山村，成长在山村，学校距离他的家有很远的路程，交通极不方便。从小他就开始和小伙伴一起赤脚跑步翻山越岭上学。在上学或者放学的路上，他经常和自己的小伙伴们沿着山路一起比赛跑步，每一次小伙伴们都被他远远地抛在后面。有一次，他自己奋力地跑，不一会儿就甩开了小伙伴们，但他全然没有注意到小伙伴们已经抄小道躲起来。当他跑过来时，突然一群人冲出来吓了他一跳，就这样他被小伙伴耍了一通。

自幼出生在山村的一个羊倌儿家庭的他，并没有富裕的童年生活。10岁时，由于生计所迫，阿贝贝就接过放羊鞭子成了放羊娃。对于山里孩子来说，羊对他们的家庭是很重要和珍贵的，羊儿每天必须吃大量的草才能健康地成长。每次到一片新草地，一群羊便很快把草吃光，因此，阿贝贝必须及时地为羊儿寻找新的草地。为了给羊群寻找青草，他每天要在山上跑几十千米山路。阿贝贝小时候的苦难、长年累月的磨炼，无形中提升了他的身体素质、锻炼了他的运动能力。年少的时候，他经常赶着羊群爬山，有时越爬越高，直到爬上山顶，有时候甚至云朵就在身边穿行。

年少的他享受着这种攀云登顶一览众山小的感觉,享受着甩开一切在风中疾驰,听风耳语,和风、和山、和云、和羊儿畅快奔跑的感觉。

　　因为家里穷,他13岁时才走进校园,开始上学。当时学校没有太多的娱乐活动,孩子们很喜欢一种叫草地曲棍球的运动项目。这种运动对人的跑步速度有较高的要求,阿贝贝同样特别喜欢这种运动,他还最终成为一支草地曲棍球运动队的队长。他经常带领着队员和邻村的孩子们进行比赛,比赛的结果总是胜多负少。孩子们几乎每天都在玩这种游戏,村里的大片场院就是他们的比赛场。他们在自己的赛场上肆意奔跑撒欢,享受着运动带来的无限快乐。虽然没有高级的运动器材,也没有完美的标准场地,但孩子们的快乐是实实在在的。阿贝贝经常带着自己的队友与其他学校的运动队进行比赛,在阿贝贝的率领下,他的队伍总是能在大大小小的比赛中取得胜利。

　　环境造就人,阿贝贝从小就喜欢上了运动,热爱奔跑,自幼开始的奔跑让阿贝贝练就了羚羊一样的双腿,灵敏而矫健。虽然他身材不高,但体态轻盈而灵活,多次参加学校组织的运动会都取得了冠军的成绩。在学校里，他是尽人皆知的运动明星。

1951年，阿贝贝成长为一个19岁的大男孩。在埃塞俄比亚，男子到19岁就已经到了入伍当兵的年龄，阿贝贝便在19岁那一年入伍当兵了，成为一名皇帝的护卫兵。新兵训练期间，阿贝贝所在的连队驻扎在一个二战后建立的军营里。他和他的战友们遇到了一个"魔鬼"教官。这位瑞士来的"魔鬼"教官用自己的一套魔鬼训练方法对这些刚入伍的新兵进行高强度的训练。在新兵训练期间，在"魔鬼"教官的督导下，阿贝贝和他的战友们经常要在海拔将近2000米的高山上进行跑步科目的训练。他们几乎每天都要光着脚在布满岩石的粗粝地面上跑步20英里（32.18688千米），此外还必须进行1500米的跳跃跑。似乎是因为从小就进行过各种锻炼，阿贝贝面对这些挑战都应对自如，轻松过关。

在军营的头两年，他对足球运动着了迷。众所周知，享有"世界第一运动"美誉的足球运动是一项极其考验运动员奔跑速度的运动，而且对运动员的体力要求比较高。而阿贝贝却偏偏钟爱这项运动，在偌大的足球场上，阿贝贝总是像一头野马一样肆意驰骋，在足球和球员之间任意穿梭跑动。他速度非常快，在场上担任着重要角色，只要有他参加的那一队，十有八九能取得胜利。后来阿贝贝又迷上了篮球，篮球也是一项讲求速度的运动，阿贝贝总是在篮球场上风驰电掣般奔跑，其他队员都难以跟上他的脚步。

1956年，也就是当兵5年后，阿贝贝最终选择了自己最钟爱的运动——赛跑，而且他最热爱的就是超长距离赛跑。在当兵的几年里，他除了站岗放哨就是练习长跑。有一次，他又出去跑了几十千米。由于专注于跑步，他几乎忘记该轮到自己值岗了。当他发现马上要到自己当班值岗的时间时，就开始不顾一切地朝着哨所飞奔，幸好他跑得足够快没有迟到。这一时期，阿贝贝在军队的训练大大提升了他的体质，练就了他健壮的体魄，为他后来进入马拉松长跑项目，成为一名优秀的马拉松运动员奠定了基础。

1956年的一天，阿贝贝的运动员梦想被意外点燃了。当时，他和伙伴们在路上，不经意间看到了一群身穿带有"埃塞俄比亚"字样的运动服的人，他的眼睛就像被磁铁吸住了一样，盯了他们许久。向别人打听后才知道这是即将赶赴澳大利亚的墨尔本参加奥运会比赛的埃塞俄比亚运动员的检阅队伍。他被这样的场景震撼了！

就在那一刻，他的心底里萌生了成为国家运动员的念头。他决心要成为一名运动员，成为一名像他们那样的运动员，穿上埃塞俄比亚国家队的运动服，成为他们中间的一员，走上奥林匹克运动场，登上国际一流体育竞技舞台。

阿贝贝回家之后就告诉他的父母，他要成为一名马拉松运动员。他的父母怎么也没想到自己的孩子会有如此大的梦想，开始并不同意。对于一辈子生活在农村的父母来说，外面的世界是未知的，他们只希望孩子健康长大，踏踏实实地成家，而不是走向未知的世界去面对未知的艰辛和危险。虽然父母没有同意，但阿贝贝一直没有放弃过这个念头。在他的心里，成为一名马拉松运动员已经是认定的事情了。后来，学校的一位老师得知阿贝贝有这样一个梦想，就把他推荐给了一位马拉松教练。

终于，在阿贝贝24岁的时候，他如愿以偿地成为一名马拉松运动员。这位生长在山里、热爱运动的放羊娃终于走出了山村，迈出了实现理想的第一步。

02 / 与罗马城一起疯狂

阿贝贝成为一名马拉松运动员4年之后，28岁的他接替受伤的队友，作为候补队员参加奥运会。他意外地获得了前往罗马奥运会的门票，终于赢得了第一次参加奥运会的机会。阿贝贝并没有参加第17届夏季奥运会的开幕式，而是在罗马奥运会闭幕前10天，与队友阿贝贝·瓦克吉拉一起怀着激动的心情来到了罗马。在"永恒之城"罗马，他们俩既不认识别人，别人也不认识他们，奥运会马拉松赛场上此前比赛的前3名一直由欧洲国家运动员所包揽。对行业专家和体育爱好者们而言，非洲运动员的面孔和名字都是相当陌生的。

虽然是第一次参加奥运会，阿贝贝和他的队友处在紧张和亢奋之中，但两位运动员展现出了他们平时扎实训练的成果。他俩很快调整好了心态，抓紧熟悉奥运村，熟悉比赛规程，同时立即开始考察马拉松比赛路线。从到达罗马的当天开始直到比赛开始的前一天，他俩每天都认真备战,积极训练,每天跑上20千米到30千米,逐步调整身体,适应环境。终于,第17届夏季奥运会的马拉松比赛日到了,阿贝贝二人和70多名世界级马拉松强手聚集在起跑线上。在众多对手当中,阿贝贝显得有些另类。与欧洲选手不同,他身材瘦小,穿着绿色背心和红色运动短裤,却赤裸着双脚,半点也看不到冠军的影子。

就在比赛选手们各就各位,裁判员准备举枪发令的时候,观众席忽然发出一阵骚动和哄笑。人们发现这位来自非洲的选手居然没有穿鞋,似乎他的存在正是为了证明非洲的落后和欧洲的强大。由此,"赤脚大仙"的称号就当之无愧地给了阿贝贝。当时,在赛场上谁都不看好阿贝贝。但是看台上的哄笑干扰不了专注于比赛的阿贝贝,再过几个小时他将用自己的汗水和成绩赢得尊严与荣誉。

发令枪一响,阿贝贝的表现就十分抢眼,吸引了观众和裁判员的注意力。这位来自非洲的小个子选手跑得飞快,领先了所有的选手,成为马拉松大军中的领头羊。但了解马拉松这个运动项目规律的人都知道,在马拉松赛跑中,前期的领跑者很吃亏,不仅很耗费自身的体力,还要自己把握好节奏和速度,所以领跑的选手往往不能笑到最后,也通常无法赢得奖牌。通常在比赛中准备夺冠的选手,都采取开始时跟跑,到后期加速的策略。也正因为如此,当现场解说员提到他领先时,大家都不以为然,都认为这小个子最多就是一个初生牛犊不怕虎的愣小子,撑不过一会儿就肯定得被远远甩下。观众们却不知道,这个黑人运动员的运动天赋和潜质有多么的惊人。在这一届马拉松赛事中,人们的注意力普遍都集中在新西兰选手马吉、英国选手凯利以及苏联的世界纪录创造者波波夫·奥罗比耶夫等选手身上。

然而,这个黑人选手实在太惹眼了,观众想不注意他都不行。他就像黑色的闪电,身躯快速地移动着,稳健的步伐就像一匹年轻健硕的骏马在奔驰,丝毫没有体力下降的迹象。

此时,实力强劲的摩洛哥体坛名将勒哈季依然保持着领先,阿贝贝·比基拉紧随其后。5月的罗马,天气闷热得如蒸笼一般。阿贝贝在比赛中大量出汗,他的口腔已经干透了,真想喝口水。但他怕喝水耽误时间,已经3次放弃了有人递上来的水壶,只是贪婪地呼吸着燥热的空气。当又有人递给他一瓶水时,虽然他非常想接过来喝上几口,但他心里知道为了金牌,他必须争分夺秒,否则取得金牌就无望了。

赛程近半,阿贝贝跑到21千米时因体力消耗较大,出现运动极限,他陷入身体和内心挣扎之中。就在这时,马拉松比赛途经一座古文化纪念碑。他瞥见路边这座纪念碑正是意大利殖民者从故乡埃塞俄比亚运来的。这座来自故乡的纪念碑似乎给了阿贝贝巨大的力量。阿贝贝心中的爱国热情和为国争光的渴望立即被点燃起来,他浑身又像充了电似地充满了力量,奋力一跑,便超过了摩洛哥运动员。

刚过40千米标志处,阿贝贝就开始加速,一眨眼工夫就把其他选手甩下50米,很快,又甩下100米,阿贝贝领先其他选手距离越拉越大。观众们都一个个瞪大了眼睛,不敢相信这位不起眼的黑人运动员居然有如此惊人的力量。

直到夜幕降临,马拉松运动员们在火炬和探照灯照耀下继续奔跑。阿贝贝使得整个罗马城疯狂了!人们纷纷走出家门,争相一睹这位"赤脚大仙"的英姿。在最后几千米赛程中,运动员们是在人群夹道欢迎中奔跑过去的,狂热的意大利民众的呼喊声使运动员们更加振奋。

阿贝贝·比基拉奋力奔跑，忽然看到近在眼前的就是古老的君士坦丁凯旋门，终点就在那儿！他开始冲刺，以近乎100米跑的速度挺起胸膛冲过了终点线！到达终点时，他还在跑着，丝毫没有减速，直到撞到助威者们围起的密不透风的人墙上时，他才真的意识到已经跑完了全程。

终于，经历了2小时15分16秒不断地奔跑，阿贝贝冲过终点线，打破了由欧洲人创造的世界纪录！他将奥运会的马拉松最好成绩提高了将近8分钟，打破了欧洲人对这一项目的长期垄断，赢得了这届奥运会马拉松长跑的冠军！

这成为阿贝贝人生中值得铭记一生的辉煌时刻，他的人生从此进入到一个新阶段。他的名声响彻埃塞俄比亚，躁动了世界奥林匹克运动会的会场，成为又一个新的奥运传奇！

观众们为阿贝贝的精彩表现狂呼不已，看台上呼声震天，掌声雷动。他们为这位创造历史的黑人运动员奋力欢呼。走下运动场的阿贝贝被激动的观众一遍又一遍地抛向高高的空中。采访记者和摄影记者也将他团团围住，"长枪短炮"

拍照、录音、提问，此时的阿贝贝成了世界关注的中心。

当记者问他为什么不穿运动鞋参加比赛时，他说，赤脚是非洲人的标志，他想让世界人民看到非洲人也能有尊严地站在奥运赛场上，并且夺取冠军。就这样，阿贝贝的朴实、真诚、庄严的声音通过赛场终点线第一次新闻发布会传向全球。

阿贝贝的此次夺冠改变的不仅是他自己的命运，也为埃塞俄比亚以及非洲在奥运赛场上赢得了关注和声誉。他的夺冠标志着以埃塞俄比亚为代表的非洲国家在奥运会赛场长跑项目上领先时代的到来。在非洲的历史上，阿贝贝成为第一个代表自己的祖国获得奥运会冠军的运动员。奥运会历史上第一次奏响埃塞俄比亚国歌。阿贝贝获得的这块奥运会金牌，也是非洲黑人运动员获得的第一块奥林匹克运动会奖牌，他开创了黑人选手在国际比赛中的新纪元。他被人们称为非洲的"报春鸟"。[1]

阿贝贝在罗马赛场上取得的辉煌胜利，使这位28岁的小伙子成为埃塞俄比亚的民族英雄。阿贝贝回国的飞机刚

---

[1]木子，《英勇的战士——阿贝贝·比基拉》，《田径》1998年第5期。

一落地，成千上万的人们就手捧鲜花，来迎接这位为埃塞俄比亚，更为黑人同胞们争得殊荣的英雄。据说当天有几十万人来到机场迎接他。这位"赤脚大仙"胸前挂着奥林匹克金牌走出机舱，人们不约而同地高喊："阿贝贝！阿贝贝！"埃塞俄比亚皇家乐队演奏了专门为他谱写的乐曲。阿贝贝在奥运会上取得冠军之后，整个埃塞俄比亚甚至整个非洲都沸腾了。对于埃塞俄比亚人民、非洲人民以及所有有色人种而言，他们从未在奥运会赛场上赢得过关注，从未在世界体育的竞技中占有过一席之地，从未赢得过他们在世界体育中应有的权利。这一切都被阿贝贝打破，阿贝贝的夺冠让埃塞俄比亚的国歌第一次响彻奥运赛场、响彻世界，是他开启了非洲国家在马拉松运动项目上领先时代的先河，是他让世界人民看到非洲黑人的力量，为黑人兄弟们赢得了尊重和光荣。

  阿贝贝，你是真正的英雄。

  阿贝贝，你是埃塞俄比亚的光荣。

  阿贝贝，你使我们国家绽开笑容。

  阿贝贝，你是祖国的样子。

阿贝贝，你是盛开的花朵⋯

这首歌真挚地表达了人们对阿贝贝的赞赏和自豪。作为冠军的阿贝贝没有想到，自己会拥有今天的鲜花和掌声，没有想到他能成为国人心目中的英雄和偶像。

随后，这位马拉松奥运冠军运动员被兴高采烈、欢呼雀跃的人们拥抱着抬到一辆军车上。这辆军车车身被装饰成洁白的颜色。在非洲，白色代表着圣洁，用白色装饰的军车是对这位奥运冠军的极高礼遇。车厢上特地安装着高台并摆满鲜花，卡车的前面还有一辆安装有小平台的汽车，台上端放着埃塞俄比亚的"活的国徽"——一头活的重达100公斤的小狮子。阿贝贝·比基拉就站在这个人们为他准备的独特的光荣台上，一边向来欢迎庆祝的人们挥手，一边与人们握手，穿过被挤得水泄不通、尖叫不断的人群长廊，向埃塞俄比亚皇宫走去。这一段不长的路程，整整走了2个小时，那头2岁的、100公斤的小狮子陪伴着罗马奥运会的民族英雄抵达埃塞俄比亚皇宫。

在乐曲声和欢呼声中，他被簇拥到了皇宫，在那里海尔·塞拉西皇帝亲自接见了他。海尔·塞拉西一世为了祝贺阿贝贝在奥运会上获得的胜利，在他佩戴的奥林匹克奖牌旁，又给他戴上了一枚"埃塞俄比亚之星"勋章。这枚勋章表示他是埃塞俄比亚人民以及皇帝心中的一颗耀眼明星，是无数埃塞俄比亚运动员的榜样。庆祝活动持续了4天之后，阿贝贝回到家中，他的父母热泪盈眶，紧紧抱着自己的儿子，说他是他们一辈子的骄傲。阿贝贝的同村村民也纷纷来到他家表示祝贺，他也成为村里人的骄傲。除此之外，代表团和体育爱好者也接二连三地纷纷来到阿贝贝的新居表示祝贺，与他合影。阿贝贝则向所有客人展示他获得的奥运金牌以及其他奖牌，并对他们的祝贺表示感谢。

03 / 魔鬼训练的"赤脚大仙"

马拉松项目起源于公元前490年波斯人和雅典人之间发生的一场名为希波战争的战役。这场战役发生在雅典东北30千米的马拉松海边。雅典人通过殊死搏斗终于获得战争胜利，为了能使远在故乡的人民能早日听到这个令人兴奋的好消息，米勒狄统帅就指派了军中的"飞毛腿"斐里庇得斯，命令他速速回到家乡报告这个振奋人心的喜讯。作为一名小士兵，受到统帅的指派，他便要竭尽所能，完成这项任务。斐里庇得斯兴奋地怀揣着这个好消息，马不停蹄地徒步跑回故乡，向人们传播这个喜讯。当他一刻没有停歇地跑到雅典时，已经筋疲力尽，上气不接下气，他用尽最后一丝力气喊道："雅典人，欢……乐吧，我们……胜利了！"说完，他便倒地身亡了。为了纪念这次战争的胜利和这名因为报喜讯而牺牲的士兵，根据历史学家的建议，1896年的第一届现代奥运会上就设立了马拉松这个项目，并沿着斐里庇得斯的足迹举办了第一次现代马拉松比赛。

马拉松项目全程，就是当年斐里庇得斯奔跑的长度，约42.195千米，后来分为全程马拉松、半程马拉松、四分马拉松3种。这是一项对体力和毅力要求极高的运动项目，需要运动员具备极好的身体素质和心理素质，只有经过长时间的拉锯训练才能提高马拉松运动员的整体水平。而且马拉松是一种需要超长耐力跑的运动，对人体的肌肉能力、呼吸系统等要求很高。马拉松运动员都要经过严格的训练，学会科学的调整，才能参加这项运动。

对于奥运冠军阿贝贝·比基拉来说，他能获得马拉松项目世界冠军，也是魔鬼训练的结果。除了阿贝贝阑尾炎手术和车祸之后的其余生命时间里，阿贝贝每天都在进行着训练，而且是魔鬼般的训练。无论寒冬还是酷暑，阿贝贝从来没有一天停止过训练，脱水、练耐力、练体能是他经过的一道道鬼门关，而且常常会发生呕吐现象。即使面对如此高强度的训练，这个来自山村的放羊娃也从来没有放弃过，就凭着他那股韧劲和勇气，坚持进行着日复一日的枯燥训练。每天的训练一成不变：上午跑30千米，下午跑20千米，除此之外还进行变速跑训练、肌肉训练和科学的呼吸方法学习。

为了锻炼自己的呼吸，阿贝贝还经常在海拔较高的高原上进行20千米的跑步训练。训练不仅是艰苦的，而且是枯燥的、孤独的。他常常一个人几乎每天不说话，只专心跑步。这对运动员来说也是一种无形的压力和考验。冬天，阿贝贝常常在天寒地冻的高原上进行训练。非洲的高原往往高达几千米，不仅极其寒冷，而且崎岖不平，就是在这样恶劣的环境下，阿贝贝也是坚持进行锻炼，他每天都要在东非高原上跑 30 千米。夏天，非洲的平均温度高于其他地区，炎热难耐的天气对于普通人来说，一动不动也会汗流浃背，口干舌燥，内心烦闷。而这些对阿贝贝来说都不算什么，因为比起他对马拉松的一腔热血和渴望参加奥运会的心情，这些都不值一提了。他在夏天也照常按照自己的计划，进行高强度的训练，有一次甚至跑到呕吐恶心。为了防止呕吐，阿贝贝甚至有时候不吃饭。就是这样，一年四季，春夏秋冬，刮风下雨，阿贝贝都进行着自己的魔鬼训练。

"赤脚大仙"就是在这样日复一日的训练下，练就了自身无限的力量和良好的身心素质，成就了自己的辉煌成绩。这样的他不曾辜负自己、不曾辜负父母、也不曾辜负国家和人民对他的期望，在一次次比赛中取得佳绩。

04 / 永远的长跑英雄

在获得罗马奥运会的马拉松项目金牌之后,阿贝贝并没有骄傲自满。荣誉和地位没有冲昏他的头脑,他依然还是那个朴实、稳重的山里人。他依旧像去罗马之前一样,每天勤奋苦练,持续不断,每周只休息一天,为下一次比赛的来临做着充足的准备。1961年5月,阿贝贝·比基拉在第4届国际马拉松比赛中光脚疾驰,以2小时23分44.6秒的好成绩取得了冠军。[1]

在第17届奥运会的四年之后,阿贝贝·比基拉来到了日本,参加在东京举办的1964年第18届奥运会。东京奥运会开始前,许多人并不认为阿贝贝此次参加奥运会能再次获得金牌。这是基于两方面的原因:一方面,在奥运会马拉松项目的历史上还没有出现过一位能够连续两次获得冠军的马拉

---

[1] 茹秀英、陈文倩,《阿贝贝·比基拉 人生的意义就在于夺取胜利》,《文明》2016年第4期。

松运动员；另一方面，阿贝贝在来到日本参加奥运会比赛之前的几个星期，刚刚做过阑尾切除手术，人们很担心他的身体条件是否可以支撑他完成整场比赛。虽然阑尾炎手术并不是什么大手术，但总是需要消耗体力的，手术后的阿贝贝需要一段时间的恢复，所以人们估计，自手术后到比赛之前这段日子里，阿贝贝应该一天也没有练习过。其实，直到抵达东京那天，阿贝贝由于手术所累，几乎都不能正常行走。也正是因为这种情况，关注奥运会的观众和体育界人士尽管都很期待他参加东京奥运会的比赛，但是却并不认为他能再次夺冠，大多数人认为他能跑下来就不错了。他的粉丝们虽然期待阿贝贝能有好的表现，但也鉴于他这时的身体情况，并没有抱太大的希望。阿贝贝自己最清楚自己的身体情况，他知道自己在赛场上要拼尽全力，因此在之前一段时间都着重养伤，他也相信自己4年的训练、付出和汗水是不会白流的。就这样，阿贝贝在万众瞩目和些许怀疑中，以术后尚未复原的身体再次出现在奥运会马拉松的赛场上。

时针指向了1964年10月21日下午1时，信心十足的阿贝贝和其他67名来自35个国家的马拉松运动员一起站在了起跑线上。与上届奥运会不同的是，这次阿贝贝没有光着脚，而是穿了一双崭新的美洲狮牌运动球鞋。第二次参加奥运会，他的名字已经被广大观众和解说员所熟知，观众席中的观众都欢呼着，喊叫着阿贝贝的名字，为他加油鼓劲。当发令枪打响的那一刻，阿贝贝就已经将身体和心态都调整到最佳状态，全身心投入比赛中。

虽然阿贝贝为比赛做好了充分的准备，但阑尾炎手术还是影响了他的发挥。从开跑到3000米时，他就有些落后了，密切关注着他的观众们此时也些许肯定了自己心中的推断。但他并没有慌，而是及时调整，稍作休整，稳住步伐跑了一段之后，他开始重整旗鼓。

也许是因为阿贝贝从幼年起的不断磨砺锻炼发挥了作用，也许是阿贝贝心中坚定的夺冠信念鼓舞着他，在跑到5千米时，他已经超过许多选手，进入第一梯队，跑到了第8位。从7千米开始，他就奠定了领先地位。对阿贝贝而言似乎任何战术都已经成为多余的东西。手术后遗症、潮热的天气，也丝毫不能影响他的状态。他正不断慢慢地增加着他的领先距离。到达16千米处时，他就已经遥遥领先了。在跑到 30 千米的地方，他已经把第二名甩下三四百米了。沿途的观众都为这位铁人的超常表现使劲喝彩。此时，观众心中又燃起了阿贝贝夺冠的希望。对于阿贝贝而言，当时的他不在乎其他的人看法。他将这次比赛看作是 4 年训练的一份答卷，他只想要尽全力做好这份试卷，给自己、给观众、给祖国一个满意的交代。在距离终点不到 1 千米时，阿贝贝再次开足马力，全力加速，虽然此时冠军已经无疑是他了，但他还是拼了一把，以最快的速度冲破终点线。因为，他在与自己竞赛，他要超越自己，要打破自己的纪录，创造新的世界纪录。终于，经过 2 小时 12 分 11 秒的奋战，阿贝贝冲向了终点，再一次取得了奥运冠军，他领先亚军得主英国选手贝吉尔·希特利 4 分多钟。到达终点之后，阿贝贝依然没有停歇，开始徒手做体操，好像有用不完的劲。这次阿贝贝的谢幕又让观众们惊呆了，观众还清楚记得当年赤脚站在赛场上的他，现在的他这一举动又唤起人们的记忆，也引起了人们的欢笑。运动场内的 7 万名观众以暴风雨般的掌声为他喝彩，这一刻他在人们心中的形象超越了国家、超越了种族。他的成绩再一次打破了奥运会纪录，比他在上一届确立的纪录快了3分钟。这位杰出的黑人运动员实现了几乎所有人都认为不可能的事情,连续在1960年罗马奥运会和1964年东京奥运会获得马拉松项目的冠军,并且接连打破世界纪录。

接受采访时,阿贝贝被问到自己未来有什么打算时,说:"准备再到墨西哥奥运会去夺取胜利"。阿贝贝认为作为一个体育人,继续参加比赛、继续夺取胜利、为国争光是他的使命,是他人生的价值和意义。

然而天有不测风云,阿贝贝的这一计划并未能实现,而且永远也没有可能去实现了。1969年,这位两次折桂的奥运冠军遭遇了一场严重的车祸,导致脊椎严重受伤。尽管他寻遍世界著名的医生,采取了各种治疗措施,都永远不能站起来了,不得不靠轮椅行走。

对于一个长跑运动员来说,失去了双腿就犹如失去了所有,痛苦笼罩着他的生活。但是即便如此,身体的痛苦无法使他丧失斗志,也不能让他放弃体育,他冷静下来开始思索以后的人生道路。阿贝贝是一个极其热衷体育的人,他从来没想过自己要离开体育的世界。他说:"我永远是一名运动员。

我相信,终有一天我会重新站起来。谁不想拼搏?谁都有权利去争取胜利。人生的意义就在于夺取胜利!"因此,他最终决定用射箭代替马拉松,继续练习,留在体育界,继续参加残疾人奥运会。于是,阿贝贝的身影一经出现在1971年奥斯陆世界残疾人运动会上,就又成为焦点人物。

两次奥运冠军的获得让阿贝贝成为奥运赛场上的传奇,而他的胜利和传奇不仅仅是因为他过强的体育能力,更因为他那作为体育人不骄不躁、永远拼搏、不曾放弃的精神。"夺取胜利是他人生的意义和价值",他完美地阐释了什么是奥运竞技精神,成为奥运会史上开创性和传奇性的人物。

1973年10月,一个风雨交加的夜晚,阿贝贝突然身体不适,浑身抽搐,不一会儿就失去了意识。一辆急救车疾驰而来,在车上,医生紧张地对他进行抢救,一进医院就被送到急诊室。医生们尽着最后的努力来留住这位民族英雄的性命。闻讯赶来的记者和朋友们都围在医院门口,焦急地等待着阿贝贝的消息。他们希望这位马拉松赛场上的神话人物能再次出现在他们眼前,同他们打招呼,向他们挥手。但令人遗憾的是,最终他还是在1973年10月25日因为脑出血离开了人世。他的妻子、父母以及4个孩子都难以接受这位至亲的离去，伤心悲痛不已。

当阿贝贝去世的消息传开后，埃塞俄比亚全国人民都难以置信。阿贝贝的死让所有人都措手不及，整个埃塞俄比亚都沉浸在悲痛的气氛中，仿佛连空气都凝结了。

在阿贝贝葬礼那天，埃塞俄比亚全国降半旗，举国默哀，为这位伟大的民族英雄的远去而悲伤。之后的3天里全国停止了所有娱乐活动，人们都停止播放欢快的音乐，不再出门娱乐，对这位英雄表示悼念。埃塞俄比亚75000多人来参加了他的葬礼，整个街道被人群塞满，人们都来追悼这位民族英雄。当时，道路两旁被到来的人群挤得水泄不通，只留出一条不宽的路来。当载着阿贝贝的遗体的灵车从道路上驶过时，有些人拿着阿贝贝在赛场上的照片，有些人做出阿贝贝的标志性姿势，有些人不停地拭去泪水，还有些人高喊着阿贝贝的名字。他是人民的骄傲，人民永远不会忘记他。那一天，全国的商店、大街上到处都贴着阿贝贝的照片，到处都放着缅怀阿贝贝的音乐，人们为失去这位英雄而感到可惜与悲伤。

阿贝贝去世后，人们为了纪念他，做了一个他在马拉松跑步中的标志性动作的雕像，放在广场中央。这位马拉松赛场上的英雄就这样永远活在了人们心中，这一颗埃塞俄比亚之星永远在人们心中闪耀着。后来，每当阿贝贝的忌日，都会有人来到他的雕像前悼念这位远去的英雄。

20世纪60年代初，在奥运会赛场上，阿贝贝如一道黑色的闪电闯入了国际媒体的视野。人们说，阿贝贝是一只报春鸟。一只报春鸟，会带来春天。阿贝贝为非洲长跑运动带来春天。其实阿贝贝影响的岂止是运动领域。这道黑色的闪电已经成为一个形象，他的连续夺冠，打破了欧洲人在马拉松项目上的垄断地位，用活生生的事实挑战了欧美长久以来对非洲的歧视乃至蔑视的优越心里，向世人证明非洲人是不逊于欧洲人的，有色人种可以通过努力赶上并超越白人。1960年是非洲独立年，这一年非洲有17个国家获得独立。也正是同一年，这位非洲"赤脚大仙"获得了奥运会马拉松项目冠军，打破了欧洲人对该项目的垄断。

无论这位民族英雄是归来还是离去，埃塞俄比亚人民的心都被他牵动着，为他欢喜为他忧，因为他是民族的骄傲。

奥运会长跑界双料冠军

——米鲁兹·伊夫特

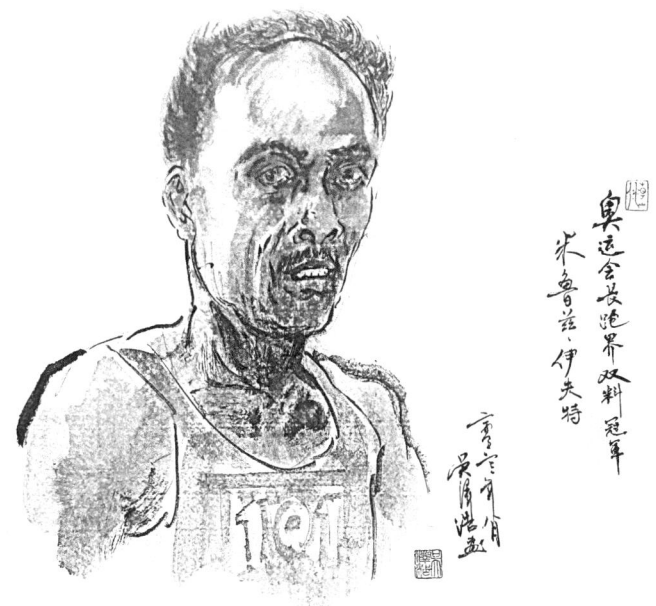

米鲁兹·伊夫特（1944—2016年），埃塞俄比亚著名田径运动员，奥运会长跑双料冠军。出生于埃塞俄比亚高原上的一个农民家庭。1972年，伊夫特参加德国慕尼黑夏季奥运会，取得季军。1980年莫斯科奥运会上，伊夫特在10000米决赛上取得冠军，5天后又在5000米长跑中夺得第二枚奥运金牌。长跑是一项极其考验运动耐力和技术的运动项目，对运动员的身体素质要求较高，历史上能在国际长跑项目上取胜的都是此项目中的佼佼者，伊夫特在同一届奥运会上连夺两枚该项冠军，成为一个前无古人、后无来者的奥运神话。伊夫特是奥运会长跑界历史上的一位传奇人物，也是埃塞俄比亚以及非洲历史上的又一个英雄。

01 / 天生的长跑名手

米鲁兹·伊夫特是一个小个子的非洲人，1944年5月15日出生在埃塞俄比亚高原上的一个农民家庭，自幼生长在遍是山丘、高原的埃塞俄比亚。中国有句俗话叫"一方水土养一方人",可以说是埃塞俄比亚高原的水土和地理环境成就了这个奥运双料冠军。

埃塞俄比亚高原是有"非洲屋脊"美称的东非高原的一部分,平均海拔高达2500到3000米,是古老地层上覆盖着广大玄武岩的波状高原。高原上耸立着一座座海拔超过4000米的火山山峰,显得十分宏伟壮丽,是非洲最高的高原。这里由于多山,地势崎岖,山峦形态各异,形成了风景如画的峡谷和壮丽险峻的河谷。这里的山峰从海拔不足500米一直到4000多米(最高的巴士山脉,海拔4607米),形成了不同的气候和丰富的自然资源。这样的地理条件,造就了埃塞俄比亚稀薄的空气和崎岖不平、曲曲折折的交通条件。因此,埃塞俄比亚的居民们的交通方式比较单一,几乎只是靠双脚完成长距离的跋涉,因而大多数都善于长途行走和奔跑。

生活在这里的伊夫特也不例外,他每天的一切工作生活都只能依靠双脚行走和奔跑,适应了这里稀薄的空气,让他奔跑时对空气的要求相对较少。小时候的伊夫特因为家境贫寒，每天几乎填不饱肚子，他看起来总是又黑又瘦，个头又小，但他的双脚和身躯甚是灵活，在与朋友的游戏比赛中，总是因为这一点而获得胜利。而且，因为家里穷困，他总是帮助父母干农活，在山间地头像一个疾驰的兔子般奔跑穿梭。从小就生活在这样的环境之中的伊夫特，形成了较好的跑步功底和坚实的身体素质，为他后来有幸进入国家队集训并且参加奥运会奠定了基础。因为他的祖国曾经出现过阿贝贝·比基拉那样的奥运会冠军，阿贝贝是伊夫特心中的英雄和榜样，他从小就一直梦想着长大也能成为一个长跑冠军，像他们一样站在领奖台上领取金牌。但是，每当他提到自己的这个梦想时，总是遭到同学们的嘲笑，他们总是这样嘲讽伊夫特："看你瘦弱矮小的身材，怕是连领奖台都上不去吧。"这时的伊夫特总是不服气地说："我可以的，我一定可以实现我的梦想，你们等着瞧吧！"14岁时，伊夫特第一次参加了田径比赛，在5000米比赛中，他取得了18分钟的好成绩。

长大后的伊夫特像其他适龄青年一样进入了部队，开始履行他作为一个国家公民的职责，成为一名护卫军。进入部队后，伊夫特最喜欢的项目就是长途拉练，在拉练过程中，他总是得心应手，经常把其他新兵甩得远远的，他还因为在拉练中跑得快而受到军队统帅的口头奖励。在他所在的军营里，他已经成为很多人都知道的跑步高手。有一天，伊夫特像往常一样参加训练，站岗放哨，偶然间他听人说到只要能通过教练的认可，就可以从部队直接进入国家队集训。听到这个消息，他就开始打起了小算盘。当晚，他一夜没睡，思考着自己该如何告诉教官，如何进入国家集训队。考虑过后，他决定自己集中训练一个月，先把自己在长跑方面的技能和策略等水平进行提升。第二天一大早他就开始制订提升计划，每天坚持着自己锻炼的同时，还去部队的图书馆看关于长跑方面的书籍，从中寻找一些策略。终于，在一个月后，他认为时机已经成熟，就找到教官，毛遂自荐说自己要去国家集训队，要去参加奥运会。教官听到他的想法大为惊奇，想不到这个不起眼的小个子竟有如此大的志向，便同他进行了长达3小时的谈话，了解了情况之后，教官便向他保证，一定会帮助他实现梦想。在教官将他的名字进行上报，以及一切手续办理结束之后，伊夫特如愿以偿地进入了国家队进行集中训练。

当时的教练都不是很看好这个小个子,不认为他能在奥运会上取得成绩。这也更加激发了伊夫特的热情,他每天刻苦训练,一年几乎不休息一天。就是在这样的努力之下,还是因为时间仓促而没能赶上比赛。他自己也颇为遗憾。后来,他虽然没有去奥运会参加比赛,但是开始参加一些国际比赛。他在一次国际比赛中战胜了刚刚获得奥运会冠军的肯尼亚选手吉普乔治·凯诺,从此名声大振。这次比赛也鼓舞了他,从此他更加努力训练,为奥运会时刻准备着。功夫不负有心人,他终于在1972年参加了慕尼黑奥运会,并获得了铜牌。虽然遗憾,但他并不气馁,而是继续努力坚持着,因为冠军梦还没有实现。他说,赢得奥运冠军是他毕生的梦想,如果不再继续拼搏一下,他会终身遗憾的。正是因为他的坚持和努力,他终于在1980年的莫斯科奥运会上实现了自己的梦想,成为一名奥运冠军。这个从非洲高原走出来的奥运冠军,凭着一股韧劲和坚持不懈的精神,终于达成了自己的人生理想,名噪世界,成为奥运会历史上神话般的风云人物。

02 "非洲黑马"的曲折成名路

其实早在1971年,美国举办了一次5000米长跑友谊赛。当时,伊夫特认为这是一个机会,是一个锻炼自己和检验自己成果的机会。他认为这可以为他参加奥运会比赛积累些经验,于是便痛快地报名参加了这次比赛。也就是在这一次国际比赛中,伊夫特引起了人们的注意,不仅是因为他在这次比赛中获得金牌,还因为他在这次比赛中跑错了圈数。

这次比赛虽然是一次友谊赛,但对于体育人来说,每一场比赛都需要认真对待。于是,在伊夫特来到美国之后,他无暇欣赏风景,更无暇游玩这个陌生的国度,而是在到达的第一天就开始适应环境,并着手进行训练,调整自己的心态。到比赛那一天,他早早来到比赛场地,开始做赛前热身,准备着即将到来的比赛。今天,他要参加的是5000米的长跑比赛。对于平时训练的他来说,长跑5000米基本是可以拿下的,没有太多的紧张和不安。当他和其他选手站在起跑线上的时候，他深知对手们都是长跑界的佼佼者，这是一场顶尖选手之间的较量，他一点也不能放松。他就立即做好预备姿势，时刻听着裁判的枪声，因为起跑对于运动员来说是极其重要的，起跑的快慢严重影响着田径运动员的速度和最终结果。当枪打响的一刹那，伊夫特像离弦的箭一样冲了出去，观众和解说员以及裁判立即注意到了这位反应急速的运动员，为他叫好。观众席上可以清楚地看到伊夫特一直居于首位。但是观众心中发出了疑问，这是来自哪个国家的选手，他的名字叫什么？这时，只听见解说员激动地说："这位来自埃塞俄比亚，名叫米鲁兹·伊夫特的选手暂时领先，他的速度是惊人的。"跑到3000米时，他被2名参赛者以微弱的距离暂时领先，伊夫特顿时脚下生风，像奔跑的野马一样，超越了其中一位选手，在继续跑了500—1000米的距离时，伊夫特再次超越了另一位选手，又稳居首位。观众们紧张地看着这场激烈的角逐。正当观众们都认为伊夫特会得到这个项目的冠军时，伊夫特居然停了下来，而且做出了胜利的手势，一脸欣喜若狂。然而观众席间却一片哗然，开始议论，猜测这位运动员是什么原因终止了比赛？解说员也不清楚发生了什么情况。过了一会儿，才了解到，原来伊夫特以为自己已经跑完了5000米，取得了胜利，所以停了下来。直到裁判员告诉他，他数错了圈数，应该再跑一圈时，他才回过神来，知道自己是少跑了一圈，表示非常尴尬。但此时的伊夫特已经从刚才紧张的奔跑状态当中恢复，他也已经没有力气再参加比赛，于是他最终选择了弃权，终止比赛。就这样，他在这场比赛中没有任何成绩，他也成了人们议论的跑错圈数的运动员。在后来他获得奥运冠军之后，这件事也经常被人们拿出来说。当他从赛场上下来接受采访时，记者问他怎么会数错了圈。他说自己蒙了，当时以为就是要冲向终点了，一时忘了圈数。记者又问他为什么放弃了再跑一圈，他说自己确实没有了力气，但还是很后悔放弃了最后一圈，作为体育人应该是无论什么时候都不应该放弃的，自己会在接下来的比赛中继续努力，争取发挥出自己最大的潜力和水平。

前一天选择了弃权的伊夫特，后悔不已，他告诉自己要争取在第二天的比赛中取得好成绩。这天比赛一开始，他便一刻也不敢放松，心中紧紧记着自己跑了多少圈，以免自己再因为跑错圈数这样的低级错误而与金牌无缘。枪响的那一刻，伊夫特又一次如弹簧一样弹出了起跑线，在所有参赛选手中领先。但是没多久美国名将富兰克·肖特就超越了他，伊夫特也并不松懈，对这位名将紧追不舍。二人这种胶着的状态在即将到达终点的500米处发生了变化，只见伊夫特突然发力，奋勇争先，超过了富兰克·肖特，伊夫特的速度比之前快了许多，他像一头看见猎物的饥饿难耐的狮子，紧紧盯着终点线，飞奔了过去。当他到达终点的那一刻，全场观众起立欢呼，裁判员也欣然一笑。解说员还调侃道："这位来自埃塞俄比亚的选手今天没有跑错圈数，取得了男子10000米长跑项目的冠军，祝贺他！"终于，这匹"非洲黑马"赢得了该项比赛的金牌。虽然前一天因为自己的任性弃权丢失了一块奖牌，但今天这枚金牌的获得给予了伊夫特极大的安慰，弥补了前一天与奖牌失之交臂的遗憾，他也证明了自己的实力。这次金牌的获得大大鼓舞了伊夫特，为他参加奥运会这样的国际体育盛会奠定了基础。

成长总是在一次次失误和痛苦中实现的，这次失误让伊夫特铭记一生。跑错圈数的伊夫特在以后的职业生涯中都把这次错误谨记在心，时刻提醒自己要在比赛中稳住心态，不可小看对手，也不可高估自己，踏踏实实地跑好脚下的每一步，这次比赛让伊夫特取得极大的进步和成长。

03 / 独特的训练方法

长跑不仅仅是对体力和耐力有要求，它同时还考验着田径运动员在比赛过程中的技巧和策略的运用。米鲁兹·伊夫特经过长达 8 年的专业训练，才获得了在莫斯科奥运会上的精彩表现。每个运动员自身条件是不同的，所以只有采取适合自己的方法才能补足短板，有所提升。

伊夫特就有一套自己独特的训练方法，这套方法是根据他自身的特点量身打造的。他的训练具有两个显著的特点：一是年度训练与比赛相结合，二是注重科学的战术训练。首先，伊夫特总是选择多种多样的环境进行不同的检验性比赛，与此同时，还要时时调整训练方式，加大训练量和强度等。他认为,一方面参加各种不同环境下的比赛,有助于他熟悉比赛流程,积累和总结比赛经验;另一方面,正如中国有句俗语叫"知彼知己,百战不殆",在比赛的同时,他还可以对自己的水平进行定位,也可以与世界各地的不同选手进行切磋,了解不同选手的特点和他的应对策略。不仅如此,他曾经还在年度训练中,先后在不同的地点、时间、距离、季节和天气环境下进行了多次大型国际比赛,同一年他分别在2月、6月、7月和8月参加过比赛,在不同的地点、季节、时间以及气候条件下进行比赛的经历让伊夫特针对不同的比赛场地、季节和气候条件制定了不同的比赛策略,大大提升了伊夫特的参赛能力。同时,伊夫特根据比赛结果和比赛中的经验,调整自己的训练内容和强度。其次,伊夫特特别注重在比赛中技巧和策略的应用,这些策略和技巧主要用于最后400米以及向终点冲刺时。当处在最后400米并要冲向终点时,如果能大大地提高速度,那么运动员就能在比赛的最后阶段一举取得胜利。而在最后阶段提高速度的主要方法是骤然增加步幅和步频,因此,伊夫特着重训练自己的步幅和步频。为了能在进入最后终点跑程时增大步幅和步频，伊夫特总是每天练习200次快速摆臂，以及加快腿部的折叠，采用100—200米阶段跑与较长的400—2000米阶段跑相结合的训练，经常进行基本距离和接近基本距离的测验性跑。就是通过这样的刻苦努力，才练就了他在长跑项目上的精湛技术，使他不仅具备较好的耐力，还具备较强的爆发力，他也因此得到了"变速王"的美称。

耐力对于一个长跑运动员来说是十分重要的，因为耐力较差的人是难以完成长距离的跑步的。伊夫特通过这样一套方法来提高自身的耐力——他总是以一个星期为周期进行训练，每个星期一和星期三上午，他要在山路上跑步9000米，而且他规定自己要在45分钟的时间里完成；下午进行往返跑训练，35分钟内跑9000米；每星期二和星期四上午进行2×2000米、3×1000米、2×800米3组训练，下午进行短距离的快速跑训练；星期六进行比赛或检验性跑。除此之外，他还经常在海拔2400—2500米的高原区进行各种方式的训练。一方面，因为高原地区空气稀薄，对于正常人来说在高原地区正常活动都会缺氧，要在高原上进行剧烈运动，对人的呼吸系统更是有较高的要求。这种条件下的训练才能让伊夫特更好地提高耐力。另一方面,高原上往往是崎岖不平的,地形较复杂,伊夫特经常在复杂的地形进行越野跑训练,这是增强他的腿肌,发展他耐力的良好手段。

伊夫特的长跑训练是艰苦的,但他从未想过放弃,而是不断地想尽一切办法发掘自己的潜力,认真地按照计划和方法进行训练。就是这样科学、适宜的训练方法,加上倔强执着刻苦,才使他在日后取得了辉煌成绩。

04 / 神秘的伊夫特

1972年,伊夫特终于等来了机会有幸参加慕尼黑奥运会。慕尼黑奥运会上,伊夫特在男子10000米长跑比赛中表现优异,一举夺得了一枚铜牌。对于第一次参加奥运会的伊夫特来说,能取得一枚铜牌也是值得骄傲的,观众和国人也为他喝彩,而且更期待他在之后的5000米比赛项目中的表现。但在后来进行的 5000 米预赛中，观众和国人却并没有看到伊夫特的身影，因为伊夫特没有按时到场报到，被裁判判罚弃权，失去了这次参加比赛的机会。这是继 1971 年美国那次友谊比赛之后，他又一次与奖牌失之交臂。后来，观众和体育界人士进行着各种猜疑，猜想着伊夫特为什么没有及时赶到参加比赛。有人说因为他当时不熟悉比赛场地，没有找到体育场，所以迟到了；有人说他因为不适应异国水土和食物导致拉肚子而来不及参加比赛；有人说他因为太累，睡过了头，而忘记了比赛的时间等。但是在后来的采访中，伊夫特否定了外界的种种猜测，却依旧没有解释他为何没有及时报到而缺席比赛。如今，伊夫特已经离开人世，他当时为何没有及时参加比赛已经永远成为一个谜。

伊夫特留给人们的另一个未解之谜就是关于他的年龄。伊夫特参加完慕尼黑奥运会，直到 8 年后才又一次走进奥运会的赛场。1976 年奥运会在加拿大蒙特利尔举行，但埃塞俄比亚抵制本届赛会，因而伊夫特也未能参加。直到 1980 年莫斯科奥运会，已经是 6 个孩子父亲的伊夫特才有机会来到俄罗斯参加人生中的第二次奥运会。这时的他看起来身材矮小、其貌不扬、皮肤黝黑、头顶微秃、饱经风霜，却在这次奥运会获得了双项冠军。于是人们对他的关注更多，甚至关注到他的年龄。人们猜测他的年龄有将近40岁了，媒体报道中他的年龄从33岁、35岁、36岁到42岁的都有。当他取得冠军召开记者招待会时，有记者问及他的真实年龄，他幽默地回答道："有人可以偷我的鸡，有人可以偷我的羊，但没有人可以偷走我的年龄。所以，我也从来没去算过自己的年龄。"这次模糊的回答还是没有让人们知道他的真实年龄。其实对于伊夫特来说，他因为不是很清楚地记得自己的出生日期，所以他不确定自己的年龄。在奥运会报名时，他大概算了下自己的年龄是35岁，就报名为35岁。就是因为这样，他的年龄也成了一个大谜团，经常被人们戏称为"不知道自己年龄的双料冠军"。他的年龄至今还是没有一个准确的信息，在许多资料中都难以寻得他的真实出生日期和年龄。

无论他为何没有参加慕尼黑奥运会5000米比赛项目，还是他的年龄到底是多少，这都无关紧要，他永远都是埃塞俄比亚人民以及非洲人民心中的民族英雄，他都是体育人喜欢的那个田径运动员，都是体育界后辈们永远的榜样。

05 / 人生的辉煌时刻

距参加1972年慕尼黑奥运会后时隔8年，伊夫特才有机会再一次登上奥运赛场。1980年，他参加了莫斯科奥运会。作为奥运赛场上的老田径运动员，几乎没有人认为他会有能力再次取得好的成绩。因为年龄对于一个运动员来说太重要了，在大家的认知中，他已经过了身体素质的黄金年龄，已经不再是夺取冠军的最佳年龄，也已经不是国家队中夺取奖牌的重要人选。比赛前，没有人相信这个个子又矮、年龄又大的运动员会拿到奖牌，更别说金牌了。但是，事情并不总是人们心中想的那样，这个不被看好的大龄田径运动员在奥运赛场上一展雄风，展示出了令所有人惊讶的一面。在第一天的10000米比赛中，从伊夫特离开起跑线的那一刻起，就吸引着体育场内 10 万观众的目光，激起场内所有观众的热情，观众的心情跟着他脚下的步伐一起律动。此时的米鲁兹·伊夫特就像一个自带发光体的人，在赛场上像一颗耀眼的星一样发着光。在 10000 米决赛最后 250 米时，他开始发力变速，施展出他有名的冲刺绝技，同时加大了步幅，并加快了步伐，瞬间他像一阵风一样疾驰着冲向终点，全场观众和裁判都为他在这最后短短的 250 米的冲刺爆发能力惊叹和赞服。伊夫特最终以 27 分 42 秒 69 的成绩登上了奥运会男子 10000 米比赛项目的冠军宝座。这次比赛，伊夫特以较大优势战胜了芬兰名将马宁卡，连上两届奥运会的冠军——芬兰的拉塞·维伦也被他打败，只得了第 5 名。这一次奥运会，伊夫特成功斩获了埃塞俄比亚的第一枚金牌，也成为他职业生涯中的第一块奥运金牌。当看到通过自己的努力让埃塞俄比亚的国旗在奥运会赛场上高高升起，埃塞俄比亚的国歌在赛场响起时，他落下了激动的泪水，从来都只是在梦里出现的奥运冠军终于成为现实。

在夺得 10000 米比赛的冠军之后，伊夫特没有太多时间去兴奋和庆祝，而是又投入之后的 5000 米长跑比赛的准备中。在之后进行的 5000 米比赛中,观众对伊夫特是否能再次获得这个项目的冠军依旧是表示怀疑的。因为长跑运动项目对运动员的体力要求极高,往往有人会跑到呕吐,更加难以坚持两项这么长距离的比赛,而且奥运会历史上还不曾有人能同时夺得两枚长跑项目的金牌。但令人出乎意料的是,伊夫特同样在 5000 米比赛中状态极佳、表现出色。在 5 天之后举行的 5000 米比赛中,他又一次采用了先稳步后加速的策略。在比赛的前 4000 米时,他还与其他选手基本保持齐头并进的状态。但到比赛的最后 200 米时,10 名运动员交替领先,挤成一团,伊夫特难以突出重围。这时,伊夫特的另一位队友——埃塞俄比亚选手凯迪尔回头问伊夫特准备好没有,伊夫特当即就以手势告诉队友没有问题,于是凯迪尔立马让出道路给伊夫特。在队友的帮助下,伊夫特在一瞬间又一次采用战术,施展冲刺绝技,脚底像有一对风火轮一样,在其他选手还来不及做出反应时,就已经冲过了终点线。最终,伊夫特用时 27 秒 2 跑完最后 200 米,以 13 分 20 秒 91 跑完了全程,赢得了 5000 米比赛项目的冠军。伊夫特如愿以偿地斩获了本次奥运会的第二枚金牌,坦桑尼亚的苏莱蒙·尼安布伊以0.96秒之差获得第二。就这样，田径老将伊夫特成为莫斯科奥运会5000米和10000米比赛的双料冠军，将他职业生涯中的两枚奥运金牌同时收入囊中。他成了本届奥运会田径比赛中唯一获得2块金牌的男子运动员。获得金牌对于参加奥运会的运动员来说是莫大的荣誉，更是所有运动员的终极梦想，而他在这天实现了！

8月3日，莫斯科奥运会闭幕式隆重举行，巨大的奥林匹克吉祥物小熊米莎耸立在莫斯科的夜空中，向人们挥手告别，绚烂多彩的庆祝活动和五彩缤纷的焰火向本次奥运会的所有运动员致敬并对所有得奖者表示祝贺。在体育场的翻转屏幕上，米莎落下了眼泪，此时，场内的10万名观众相互含泪告别，伊夫特也流下了不舍的眼泪。乐队奏响了亚历山大·帕赫穆托娃和尼古拉·多布隆拉沃夫那首动听的歌曲：

美妙的时光飞逝，

看台上人影渐稀，

再见吧，我们可爱的米莎，

你将返回你的丛林仙境。

那时运动场上空回荡着"再见吧，莫斯科，再见！""奥林匹克的美妙世界,再见!"

  本届奥运会完美落幕,伊夫特的职业生涯也圆满收官。这届奥运会是他人生中最辉煌的时刻,也是他永远不会忘记的一次比赛。当伊夫特回到故乡,他已经成为埃塞俄比亚人民心中的赛场明星,成为许多人心中的榜样。这个老田径运动员一走出机场,就被人群团团围住,有人拿着他的照片,有人高呼着他的名字,人们争着同他握手。在簇拥的人群中,伊夫特几乎寸步难行,这段平时只有10分钟的路,那天他走了2个小时。对于伊夫特来说,这一切都是他料想之中的,只是比他预想的晚了一点。不过晚一点没关系,至少自己终于成功了,实现了梦寐以求的理想。

铁腕政治强人
——梅莱斯·泽纳维

梅莱斯·泽纳维（1955—2012年），埃塞俄比亚杰出的领导人，非洲著名政治家。出生于埃塞俄比亚阿杜瓦城镇的一个名门富户。1971年进入亚的斯亚贝巴大学主修医学，1974年塞拉西一世被推翻后，梅莱斯投身革命。1991年，梅莱斯领导的埃革阵推翻门格斯图政权，成立了实行民主制度的过渡政府，1991年7月至1995年5月，梅莱斯担任埃塞俄比亚过渡政府总统，1995年8月至2012年8月任新建立的埃塞俄比亚联邦民主共和国第一届政府总理。此后，他带领埃塞俄比亚走出内战阴影，成为非洲发展最快的国家。

在他执政的21年时间里，埃塞俄比亚逐渐成为非洲最发达的国家，版图延伸到整个非洲之角，建起了非洲与亚洲，尤其是非洲与中国的桥梁，促进了中埃两国友谊的发展。伴随着他的离世，这个几乎是依靠他一人之力支撑起来的政权显然发生了不小的震荡，但是这样一位铁腕政治家所做出的诸多贡献，给埃塞俄比亚和非洲，乃至全世界带来了巨大影响。

01 / 投笔从戎

梅莱斯·泽纳维 1955 年 5 月 8 日出生于埃塞俄比亚北部城镇阿杜瓦，父母给他取名勒杰思。他的父亲是提格里族人，母亲是厄立特里亚族人，两家都是名门望族，梅莱斯的出生也是万众瞩目，他被称作含着金钥匙出生的人，显赫的家庭背景注定让他的人生不凡。小时候起，梅莱斯家庭带给他的优越性就凸显出来，他所见到的都是上流社会的达官显贵。当时身处非洲的梅莱斯，因为家庭的原因，在埃塞俄比亚首都的亚的斯亚贝巴的英式中学接受教育，这是一所贵族学校，进入这所学校的都是当时的名门望族。梅莱斯进入这所学校接受教育，受到的是不同于非洲的英国绅士教育。后来，梅莱斯顺利毕业进入亚的斯亚贝巴大学医学专业。在外人看来，梅莱斯的一生顺顺利利，毕业以后他可能出国深造，然后成为一名医生，在首都最有名的医院工作。但是，在梅莱斯大二时，他做出了一个惊人的决定：放弃学业，投身武装革命。在所有人都惊愕的时候，梅莱斯已经毅然离开了学校。在参加革命的过程中他将原名勒杰思改为梅莱斯,以此纪念被门格斯图政权处决的提格里族学生运动领袖梅莱斯·特克雷。

1974年塞拉西一世垮台后,梅莱斯投笔从戎,加入提格雷人民解放阵线(提人阵),曾任提人阵中央委员、政治局委员,1987年当选提人阵主席。1989年提人阵与其他政党组成埃塞俄比亚人民革命民主阵线(埃革阵)后,他任埃革阵主席。

1991年5月,埃革阵推翻门格斯图政权,并于同年7月组成过渡政府,梅莱斯任过渡政府总统、人民代表院主席兼武装部队总司令。1995年5月,埃塞俄比亚举行首次多党选举,在选举中获胜的埃革阵于同年8月组成了有多党参加的联邦政府,梅莱斯以人民代表院多数党主席身份就任总理,并兼任武装部队总司令。2000年10月和2005年10月,他两次获得连任。

虽然他放弃了自己的学业,但是并没有停止学习,作为非洲人的梅莱斯精通英文,后来通过函授学习于1995年获得了英国公开大学的MBA学位,2004年获得了荷兰鹿特丹大学的经济学硕士学位，2002年7月荣获韩国韩南大学的名誉政治学博士学位。梅莱斯后来取得的成绩令世人惊叹。他是一位擅长学习的总理，用丰富的知识武装自己，带领埃塞俄比亚开启了新的华章。

梅莱斯的妻子名叫阿泽布·梅斯芬，两人共同生育了3个孩子。在家庭上梅莱斯没有倾注更多的精力，历史上留下的都是他政治生涯的丰功伟绩。梅莱斯的妻子也是一位了不起的女性，阿泽布·梅斯芬曾是国会社会事务委员会主席，她的功绩在国际社会也有巨大的影响力。这是一位关注"儿童问题"的女性，她与政府部门致力于解决该国儿童高死亡率的问题。根据联合国儿童基金会的报告，埃塞俄比亚的儿童死亡率自现任执政党执政以来，已经下降了40%。虽然她的工作与梅莱斯的政治生涯没有太大的联系，但是，梅莱斯的成功不能缺少这位伟大女性的支持，他的妻子从梅莱斯身上获取动力，梅莱斯也从阿泽布·梅斯芬的工作中获得支持，两人的成功是相辅相成、密不可分的。

梅莱斯反对独裁，鼓吹民主革新，他把自己包装成一个新型的时代领袖，在与列强斡旋的20年间，他推翻了门格斯图政权。这是一位有知识有思想的领袖，是能信手拈来莎士比亚语录的领导人。

梅莱斯·泽纳维执政期间功绩卓著。他领导的埃塞俄比亚人民革命民主阵线推翻了门格斯图政权。领导国内经济向着市场经济的方向发展，推行市场经济政策。学习中国的发展方式，引进了一些大型能源和基础建设项目，提供了大量的就业岗位，使得经济持续发展，人民生活水平显著提高。2011 年的经济增长率达到 7.5%，成为非洲国家中经济发展和增长最快的国家之一。在对外交往上，埃塞俄比亚除了与美国交好，共同反恐、维护国际和平外，还主张中国推行的和平共处五项原则。梅莱斯总理高度赞扬中国对非洲发展所做的贡献。他极重视与中国的关系，屡次到访中国，对中国的重大事件如数家珍。梅莱斯总理还重视公共卫生的发展，医院的建设就是很好的证明。在教育事业的发展上，他修建了很多学校，重视教育，他本身也是一个终身学习的总理，做了很好的榜样。梅莱斯看了重庆的立体交通模式后，也大力改善国内的交通状况，他修公路、铁路，建机场，完善城市基础设施的建设。一个国家的发展不能倒向一边，必须保证各个方面都达到平衡。他不放过每一个让人民生活得更好的机会，他推行的政策涉及国家发展的方方面面，得到了社会各界的一致好评。

02 / 搭起中非友谊之桥

一天，北京市金鼎雕塑艺术有限公司接到了一个国际订单，经过层层筛选和严格选拔，获得了这个雕塑订单的制作资格。整个公司对这次来之不易的机会倍加珍惜，他们获得的不仅仅是经济上的收入，更是一份来自国际的荣誉和认可。经过一段时间的忙碌，在工人们精益求精的努力下，一个庞然大物被装上了运输车，它即将被运到遥远的埃塞俄比亚。

2003年12月16日，埃塞俄比亚首都亚的斯亚贝巴市中心迎来了雕塑闪亮登场的日子。时任中华人民共和国国务院总理温家宝和埃塞俄比亚联邦民主共和国总理梅莱斯·泽纳维为纪念雕塑揭幕。在这隆重的揭幕仪式上，温家宝总理和梅莱斯总理亲切握手，表达了中非、中埃亲密的合作伙伴关系。各大媒体争相报道。中埃两国领导人共同揭开了中非合作论坛纪念雕塑的神秘面纱。一时间掌声雷动，不绝于耳。梅莱斯·泽纳维总理脸上的笑容久久不散，自从和中国合作以来，埃塞俄比亚发展迅速，中国对埃塞俄比亚的巨大帮助埃国人民都是看在眼里、记在心上的。

中非合作论坛纪念雕塑是一个三维的球形结构，球体四周环绕着两片弧形飘带，飘带上分别用英文和法文刻着"中国—非洲"，象征中非友谊源远流长、生生不息。球体直径1.2米，雕塑自高2.26米，连同基座总高7.2米，在赤道骄阳之下，显得高贵庄严，金碧辉煌。纪念雕塑基座的材质是黑色大理石，正反面分别镶有两块不锈钢镀钦碑牌，上面用中、英、法三种文字镌刻着黑漆铭文。正面铭文为"为纪念中非合作论坛，特立此雕塑"。背面铭文是"雕塑设计者：盖塔丘·约瑟夫。制作者：北京市金鼎雕塑艺术有限公司。工程设计和施工：中国江西国际经济技术合作公司"。

中非合作论坛纪念雕塑是非洲设计师和中国人民智慧

的结晶，同时它也象征着中埃两国的合作关系。非洲设计师设计出了这样一座独特的雕塑，中国人民制作出了这个雕塑，可谓珠联璧合。

纪念雕塑不仅是一座屹立不倒的庞然大物，它还是中非友谊的象征。每当人们路过广场，看到雕塑时，总是会驻足凝望。梅莱斯给人们创造了获得幸福生活的机会，人民感激他。

03 / 共谋合作发展通途

梅莱斯重视和中国的友好关系，曾于1995年10月访华，2004年10月底对中国进行正式访问，2011年8月来华访问并出席第26届世界大学生运动会开幕式。

广东省是我国著名的侨乡，祖籍广东的港澳同胞约600万人，海外华侨、华人约3000多万人，遍布世界五大洲160多个国家和地区，集中在泰国、马来西亚、印度尼西亚、越南、新加坡、美国、加拿大、法国、英国和澳大利亚等地。在与世界接轨的行程中，埃塞俄比亚是不可缺少的一站。梅莱斯总理曾到访广东省，为广东与埃塞俄比亚的友谊增添了亮丽的一笔。

2011年8月11日，广东省省长黄华华在深圳会见前来参加第26届世界大运会开幕式的埃塞俄比亚总理梅莱斯·泽纳维。这次会面给了广东一个机会，也给中埃共同发展提供了一个契机。黄华华省长极其重视这次会见，希望通过广东的努力，中埃能够在经济、旅游等方面打开突破口，促进两国发展。

当天，以黄华华为代表的中国政府官员带领梅莱斯·泽纳维在广东省进行了考察。黄华华等人详细介绍了广东省的经济社会发展现状。广东省是改革开放的先行者，在对外开放思想的引领下，广东省全方位、多层次、宽领域的对外开放格局，取得了举世瞩目的成就。改革开放20多年来，广东省经济迅速腾飞，各项经济发展指标均处在全国前列。工业生产体系不断完善，第一、二、三产业发展趋于合理，尤其在电子通信、电气机械、石油化工三大新兴支柱产业，食品饮料、纺织服装、建材三大传统产业，森工造纸、医药、汽车三大有潜力的产业中具有较强竞争力。广东省的对外贸易也居全国首位，与世界上200多个国家和地区建立了贸易关系。广东省基础设施完善，交通便利，具备良好的投资环境。梅莱斯总理一行人详细了解了广东省的发展现状后，赞不绝口。他希望，建立两地直通航班，大力发展两地旅游业，他也希望，广东省政府能够到埃进行投资生产，带动埃塞俄比亚的经济发展。

2011年8月13日，埃塞俄比亚总理梅莱斯·泽纳维一行人落地重庆，重庆的政府官员会见了梅莱斯一行人。新中国成立后，中国就积极开展与非洲的合作，重庆更是中非合作的有力推动者。埃塞俄比亚有与重庆相似的地形环境，地理形貌起伏有致，沟多坡陡。重庆依据山地优势发展立体交通，埃塞俄比亚政府认为这一点值得他们学习。无论是桥梁、公路、铁路，还是水路、航空，都深深地吸引着埃国来访者的眼球。重庆政府官员为来访者详细介绍了重庆的立体交通发展状况。近20年来，重庆先后建成了长江公路大桥，嘉陵江石门公路大桥、长江李家沱公路大桥和丰都、涪陵、万州、江津长江公路大桥；新辟了长江、嘉陵江沿江大道和贯通全市、连通全国的高等级公路；新建、扩建、改建了国际机构、火车站、客运码头；开设了通往城区各处及郊区的公共电、汽车线路140多条，每天发出车次近万班；修建了适应山城独特的立体交通的配套设施，有长江、嘉陵江客运过江索道、朝天门码头缆车、菜园坝扶梯、凯旋路电梯，以及南山、歌乐山、南泉观景索道等。重庆又是中国西南部地区水、陆、空交通枢纽，每天有各航班往来于全国各大、中城市，并有通往泰国、日本的不定期航班；有各运输船舶公司的豪华涉外旅游船、旅游班轮和普客班轮航行于重庆至上海的长江沿岸城市港口；有19对始发旅客列车往来于北京、上海、广州、昆明、成都、西安、郑州等全国主要城市；有豪华空调汽车和长途汽车往返于成都、宜宾、乐山等周边城市。崎岖山城路，今已变通途。

此次的重庆之行，重庆山城的发展令梅莱斯一行人叹为观止，他们表达了对重庆发展的钦佩，同时希望埃塞俄比亚有机会学习重庆的发展模式，尤其是立体交通模式，梅莱斯总理希望中埃的友谊能够长长久久。重庆市相关官员也感慨道,当年毛主席说过,中国是被非洲抬进联合国的。中国和非洲都希望能够建立长久的合作关系,重庆政府也努力开通直航非洲的航班,加速两地人民的交流,给中非合作创造更好的条件。

04 / 思想前卫的总理

梅莱斯早年间信奉马克思主义,在他看来马克思主义是真正的社会主义,在马克思主义的指导下,埃塞俄比亚会发展得更好。在他的影响下,曾经有一段时间,整个埃塞俄比亚都宣称要建立社会主义国家。后来,随着埃塞俄比亚国内局势的变化,梅莱斯不再公开宣称自己对马克思主义的信仰。

在经济上,梅莱斯为了适应国内局势的变化,因地制宜,结合埃塞俄比亚国家的产业特点,发挥优势产业,扬长避短。

在农业上,由于埃塞俄比亚本身是一个农业大国,但是农业发展水平严重落后于其他的国家，所以必须使农业实现现代化，为此梅莱斯以农业和农村为切入点，狠抓农村建设。当一个以农业为重点的国家把注意力放在农民身上时，经济发展一定会有所突破。果然农民一改以往的面貌，在外国先进技术的指导下，农产品产量提高，农田土壤维护日趋合理，肥料的使用更加科学，农机设备更加现代化，当西方轰隆隆的机器驶进农田的时候，农民们知道幸福的生活即将来临。梅莱斯在农村推行的"农业推广计划""小额农业信贷"，都是惠农政策。在农村农业生产发生变化的时期，梅莱斯号召农民推广最先进的农业生产技术，把自家的生产经验分享给其他人，制定农产品的营销计划，给产量丰富的农产品打开销路，解决农民的后顾之忧。田地里一派生机勃勃的景象，农民收入提高了，自然会改善自己的生活。同时，农村基础设施建设也成为改革的重中之重，必须有与农民生活水平配套的基础设施，因此，梅莱斯着手改善农村道路建设，完善农村用水设施，发展农村先进文化，鼓励农民靠自己的力量去创造美好的生活。

农村现代化改革取得了显著的成效，农村经济的飞速发展带动了全国其他产业的发展。由于工业基础薄弱，农业反哺工业，也极大地促进了工业的发展。梅莱斯总理以正确的指导方针在短时间内带动埃塞俄比亚的经济取得了突破性的发展。

早在学生时代，梅莱斯就阅读了毛泽东的著作，他认为埃塞俄比亚与中国有很多相似的地方，特别是和中国一些省份的发展极其类似，无论是经济模式，还是地形特征，中国的发展都有值得其学习借鉴的地方。无论是和哪个国家，只要有共同的利益就有可能合作。梅莱斯重视和中国的关系，在他眼里，中国是一个拥有自己的思想、走独特道路的国家。在国内建设和外交上，梅莱斯主张学习中国的模式，但他们的学习不是一味照搬照抄。梅莱斯曾多次组织考察团到中国考察，到过广州、江苏、重庆等地，得到中国领导人和当地政府的热烈欢迎。梅莱斯主张学习中国发展的本质，他强调要透过现象看本质，本质才是解决问题的关键，所有到访中国的官员都特别认真，深入了解中国发展的历史渊源，吸收对他们有益的经验，他们把中国经验结合本国国情进行改造，找出适合埃塞俄比亚发展的道路。

梅莱斯总理的外交政策不仅给埃塞俄比亚带来迅速发展的机会，而且让他们在国际上享有盛誉，缓和了和大国之间的矛盾，内外局势的好转引领着埃塞俄比亚向更好的明天迈进。一个优秀的领导人总是能有长远的眼光，梅莱斯没有为了眼前的利益而照抄中国的成功经验，而是找到中国成功的根本所在，然后从本国的实际出发解决问题，这才是他的智慧所在。

05 / 不幸因病离世

2012年，埃塞俄比亚国内突然散布着一个消息：梅莱斯·泽纳维总理生病了。在随后举行的亚的斯亚贝巴非洲联盟首脑会议上，也没有出现梅莱斯总理的身影。面对国民的不安，政府方面只作了简单的回应，说总理在休假。而后，据埃塞俄比亚政府发言人透露，"梅莱斯一年多来一直面临着健康问题，但他一天也没有把自己当作病人，而是每日每夜每时都在认真工作"。

2012年8月21日，噩耗传来，梅莱斯·泽纳维总理因突发感染在国外的一家医院病逝，顿时举国哀痛。

这一天也是梅莱斯总理回国的日子，按照埃塞俄比亚的传统，人们手持蜡烛，早早地等候在机场。为了迎接他们最敬爱的总理，人们放下自己手头的工作，男女老少都聚集在机场。机场的人站满了，人们就站在总理回家经过的街道上，街道两旁也摆满了蜡烛，所有的行人都安静而肃穆，街道上没有了往日的车水马龙，没有了往日的熙熙攘攘，仿佛整个世界都静止了，有的只是蜡烛火焰的跳动以及忍不住悲痛而低声哭泣的人们。随着灵车缓缓驶入街道，人们自动让开了一条道路。灵车行驶着，人群也在缓缓地向前移动。梅莱斯总理回国了，但却是以这样一种人们无法接受的方式回来。官员和士兵们比普通民众更加悲痛，这位带领他们进行武装革命、南征北战的总理就这样离开了。士兵们手持武器，身体站得笔直，脸上的表情凝重而悲痛。

梅莱斯总理去世后，国际社会也纷纷表示哀悼，非洲联盟、埃及、肯尼亚、苏丹、南非等非洲国家及一些国际组织的领导人纷纷致电。非盟委员会主席让·平表示，在梅莱斯的领导下，埃塞俄比亚已经成为非洲经济发展最快的国家，并使非洲重拾了复兴的信心。他的病逝让非洲失去了一位卓越的领导人，非盟将铭记他为非盟事业发展作出的杰出贡献和在国际舞台上为维护非洲利益作出的努力。《中东报》称，梅莱斯的去世为非洲大陆，特别是仍处于动荡之中的非洲之角留下了"巨大的空白"。其他国家都为埃塞俄比亚失去了这样一位优秀的总理而感到惋惜。梅莱斯总理戎马一生，在国际社会给人深刻印象，他已离大家远去，一颗明亮的星陨落了。

对于梅莱斯的家人来说，他的离世对妻子阿泽布·梅斯芬和3个孩子是巨大的打击。梅莱斯总理一生都在为国家付出，这离不开家人的支持，尤其是他的妻子阿泽布·梅斯芬。

哀悼仪式在默斯凯尔广场举行。梅莱斯的家人们跟随在灵车后面，悲痛之情溢于言表。埃塞俄比亚宗教界领导人身穿长袍，为梅莱斯祈祷。数以千计的民众聚集在默斯凯尔广场周边，整齐而肃穆。哀悼仪式在祷告中开始，用埃塞俄比亚宗教的方式送别梅莱斯·泽纳维。祷告结束后，代行总理职务的副总理兼外交部长海尔马里亚姆发表了讲话。

他表示，梅莱斯是一位伟大的领袖，是埃塞俄比亚国家复兴的总设计师。哀悼仪式结束后，梅莱斯棺椁移至圣三一教堂下葬。在此之前，埃塞俄比亚举行了近两周的哀悼。半个月间，梅莱斯的相片贴满了城市大街小巷的角角落落。总理的离去给这个国家蒙上了一层悲伤的阴影，但是，哀痛过后，生活还要继续。随后，代总理海尔马里亚姆将宣誓就任。人们的生活又回归平静，但梅莱斯·泽纳维总理会永远活在埃塞俄比亚人们的心中。

永不止步的奔跑者
——海勒·格布雷塞拉西

海勒·格布雷塞拉西（1973— ），出生在埃塞俄比亚阿斯省的一个农场主家庭，自幼擅长跑步。1992年，19岁的格布雷塞拉西首次出现在国际赛场——韩国首尔的青年田径锦标赛，并在5000米和一万米比赛中夺冠。20岁时，摘得世界田径锦标赛男子一万米金牌。此后连续四届该项赛事的冠军一直由格布雷塞拉西包揽。1994年，格布雷塞拉西参加世界田径越野锦标赛，获得铜牌，同年打破了5000米的世界纪录。1997年世锦赛，格布雷塞拉西再次打破世界纪录夺冠。在此后的世锦赛和奥运会上，格布雷塞拉西多次夺得金牌，直到2004年的雅典奥运会以后，才因伤病转向马拉松运动。2010年宣布退役。从1500米到马拉松，格布雷塞拉西每项成绩都很出色，共打破了25次世界纪录，是一位了不起的奔跑者，也是埃塞俄比亚人的骄傲。

01 / 奔跑求学路

1973年4月18日,一声清脆的哭声划破了宁静的天空,埃塞俄比亚阿斯省的格布雷塞拉西家迎来了第十个孩子。这真的是一个庞大的家族,尽管家境并不富裕,但是对他们而言拥有一个农场,也足可以不用为生计发愁。

当接生员将新生儿交到男主人手中时,这位劳作了半生的农民用长满老茧的手抚摸着婴儿,轻声地说:"我亲爱的孩子,我希望你能给我们家带来荣耀,摆脱农作的命运,你就叫海勒·格布雷塞拉西吧。"说罢,他微笑着望着自己的第十个孩子,婴儿因粗糙的抚摸而不安地哭起来,他赶紧交给孩子的母亲看管。尽管这些话只是一种期冀,但是他并不曾真的想到,十几年以后他的儿子真的摆脱了农作的命运,成为世界上最伟大的长跑运动员之一,为自己迎来无数的掌声,为国家带来无限的荣耀。

格布雷塞拉西在父母和兄姐的照顾下,一天天长大了。孩童时期,他便显现出异于常人的敏捷身手,尽管个子矮小却总能跑在兄长的前面。每次玩游戏，他总是很快就超越兄长们，所以他的母亲反而要时常安慰因跑不快而闷闷不乐的兄长们。

很快，格布雷塞拉西到了要上学的年龄，可是上学却成为格布雷塞拉西家的一个难题。学校离家太远了，足足有10千米。10千米对于一个成年人来说，可能也得快跑一个小时才能到达，对于一个小孩来说，这段距离必然是一段不可能完成的挑战。可是小小的格布雷塞拉西不会屈服，他渴望拿到像兄长的一样的崭新课本，还有兄长描述的课堂趣事，他要上学，没有什么能够阻碍他。第一个支持他的就是他的父亲，父亲深知没有知识的人是不会有出息的，他希望格布雷塞拉西能跳出这个小小的农场，到外面美丽的世界去看看。"格布雷塞拉西，我希望你知道，学习是一件需要坚持的事，你可以保证在学校好好学习，每天坚持如一日吗？"父亲眼神坚定地看着格布雷塞拉西，朴素的父亲要他做出一个简单的承诺。小小的格布雷塞拉西，看着平时不苟言笑、严肃的父亲，突然感觉到有股坚定的力量，他同样坚定地望着父亲，郑重地点了点头。

第二天，小小的格布雷塞拉西没有带多余的行囊，就拿着一支妈妈为他削好的铅笔和一本笔记本上路了。路程很长，天气很炎热，口干舌燥的格布雷塞拉西花了好久好久才从家里到学校。当小格布雷塞拉西来到学校，几经询问之后，他气喘吁吁大汗淋漓地来到校长的办公室。略有紧张的他张了张嘴，然后深呼吸，敲了敲门走了进去，请求校长让他上学。问清情况后，慈祥的校长把瘦瘦小小的格布雷塞拉西抱入怀中，"亲爱的格布雷塞拉西，学校永远欢迎你"。小小的格布雷塞拉西，哪里懂什么坚持这种大道理，支撑他的只有想上学的那种渴望罢了，这样的一颗追梦赤子心让校长热泪盈眶。

小小的格布雷塞拉西喜欢安静的课堂，喜欢喧闹的操场，喜欢每天奔跑，与热风相拥，喜欢家里的农场，喜欢家人相聚在一起。享受着自己拥有的一切，享受着自己喜欢的一切，小小的格布雷塞拉西就在清晨和黄昏的奔跑中慢慢长大了，从这之后，格布雷塞拉西一跑就是10年。

一天，他的朋友告诉他，学校要举办的一次选拔性的运动会，谁赢得第一名谁就能代表学校参加省里的运动会，如果在省里取得名次的话，会免除一学期的学费作为奖励。格布雷塞拉西听见之后，放学后非常高兴地跑回了家，迫不及待地将这个比赛的消息告诉了他的父母。他的父母听到这个消息虽然也很是兴奋，但是毕竟有所顾虑。格布雷塞拉西看出了父母的担心，就主动向父母表示，自己是有自信的，他相信自己能够取得名次，虽然在同龄人中自己显得瘦小，但是他的腿上都是结实的肌肉。在孩子的坚持下，他的父母终于同意让格布雷塞拉西去试试，见见世面，说不定还能省下一期的学费，给孩子们买些好吃的。就这样，格布雷塞拉西踊跃地参加了这次比赛。在体育老师的指导下，格布雷塞拉西终于等来了比赛的这一天。

02 / 严苛的长跑训练

跟着校长坐车来到市里，格布雷塞拉西通过窗户见识到了完全不同于农场乡村的风景：这里有林立的高楼，琳琅满目的商品，布满林荫的人行道。当格布雷塞拉西跟随校长从车上下到地面，那种不真实的感觉才渐渐消失，他感觉到脚下的水泥地硬邦邦的。其实格布雷塞拉西那时候并不知道这是水泥地，他只知道，这里虽然整齐干净却不似乡间小道那般柔软，混着泥土的清香。那一刻，格布雷塞拉西不知道，就是在这样的陌生的城市，他将要开始他的运动生涯。

伴随着口哨声的响起，参加运动会的孩子一个个像离弦的箭，嗖的一声冲了出去。站在一旁的校长一直密切地注意着格布雷塞拉西的状态，看到格布雷塞拉西慢慢超越其他的孩子，校长放下沉重的心，露出了满意的微笑。当在场的所有人都发现一个瘦瘦小小的孩子以一种奇怪的跑步姿势稳居第一时，他们窃窃私语地笑了起来，"这个孩子怎么是这样的跑步姿势，是不会跑步吗？好像手里夹着什么东西似的，难道没有人教他吗？这个孩子跑得多丑呀！"

听见旁边妇人的嘲笑，格布雷塞拉西腿像灌了铅，沉重起来。他没有书包，每天他都是夹着书开心地跑着上学，又开心地跑着回家。他从来不知道自己跑步是什么样子的，只觉得奔跑的时候会有一股一股的热浪涌向他,跑步的感觉让他很享受。现在,有人说他丑,他顿时像一个泄了气的皮球。这可急坏了站在旁边的校长,"格布雷塞拉西,跑呀,不要停,你是最棒的,我们都以你为豪!"随着后面的人距离他越来越近,观场的人都憋了口气。当后面的孩子超过格布雷塞拉西时,校长叹了口气,摇了摇头心想,"孩子不想跑就不要为难孩子了"。

当场上所有的人都以为格布雷塞拉西会输了比赛的时候,他又一次让所有人吃惊了。格布雷塞拉西开始铆足劲奔跑起来,一个,两个,三个,原来超过他的人现在又被格布雷塞拉西甩在了后面。只是这次不同的是,他们再也没有超越格布雷塞拉西的机会了,因为一声哨响结束了这场比赛。

终于,努力的格布雷塞拉西不负众望,以绝对的优势赢得了这场比赛,所有的选手看着奔跑着的格布雷塞拉西都表示心服口服。当他赢得比赛,在场的媒体听说在赛场上有一个跑得飞快的人之后,迅速围住了格布雷塞拉西。格布雷塞拉西面对这突如其来的采访显得有点紧张,思考片刻后说道："能代表学校来参加这次比赛我觉得很难得，我非常感谢我的父母以及学校的老师，是他们的支持才让我有现在的成绩。其实说实话哈，我根本没有想到自己竟然会得冠军，不过这也会激励我一直努力下去的。"

在这场比赛中，格布雷塞拉西脱颖而出。他不知道就是这次取得胜利的比赛，改变了他一生的际遇。他因此被选为省级长跑运动员，开始他的长跑生涯。人生的机遇是很少的，错过了一次，很难想象下一次是什么时候。如果格布雷塞拉西那时因为难过停住了自己的步伐，那么在埃塞俄比亚、在世界上，就会少一位优秀的长跑运动员。他也许会沮丧地回到家，在毕业之后寻求一条可以谋生的道路，也许能摆脱农作的命运，也许不会，一切都是未知数。但是，无论从事什么，格布雷塞拉西都不会取得像长跑运动员这样的辉煌成就。

当格布雷塞拉西回到家告诉父母自己被选为省级运动员的消息后，父母虽然感到非常高兴，但是也流露出了一丝的不舍。但是，为了孩子的未来，他们支持他的决定。第二天，在父母热泪盈眶的叮嘱下，他告别了自己熟悉的家乡，又一次回到了这个地方。只是上一次有校长的陪伴，这一次是孤身一人。战斗的号角吹响，真正的训练开始了。

对于长跑运动员来说，速度和耐力是最重要的两个因素，格布雷塞拉西的日常训练也就围绕这二者展开。当教练发现给他制定的训练计划他总是提前完成，不禁感到困惑。得知他每天都要跑20千米时，教练眉头微紧，眼里满是惊讶与惊喜。欲戴皇冠必承其重，要想变成最好的，你必须付出的是最多的，很多辛酸绝对不是能与人分享与诉说的。自此，格布雷塞拉西开始了严苛的长跑训练。

不管格布雷塞拉西小时候有怎样的天赋，也不管他在长跑的道路上比别人走了多远，训练再也不是平时肆意洒脱的奔跑了。日复一日、年复一年高强度高负荷的训练，让坚强的格布雷塞拉西和其他运动员一样落下过黄金泪。这样的训练不仅是精神的磨炼，还对格布雷塞拉西的膝关节造成了无法恢复的伤害。曾经有一个跑步运动员在领奖之后，被记者问及最骄傲的是什么，他的回答是"我的腿"，问最遗憾的是什么，他的回答还是"我的腿"。

03 / 世界纪录创造者

"台上一分钟，台下十年功。"格布雷塞拉西终于在19岁的时候等来了表现自己的机会，在韩国首尔举行的世界青年田径男子锦标赛上赢得了5000米和10000米桂冠。在20岁时，格布雷塞拉西赢得了世界田径锦标赛男子10000米的金牌。在21岁时，他打破了5000米的世界纪录。在22岁的时候，他被著名田径杂志投票选为当年最优异的田径运动员，这个纪录保持了相当长的时间。

几年的奔波比赛不仅给格布雷塞拉西带来了无限的荣誉，还给他带来了无法承受的伤痛。在他22岁的时候，他暂别了他热爱的跑道，不得不进行膝盖修复训练。在赛场上健步如飞的运动员，此时在生活上成为一个需要依靠搀扶的人。格布雷塞拉西的父母亲，暂别了他们的农场，来到大城市陪伴需要照顾的孩子。康复训练对于格布雷塞拉西来说痛苦不已。但是如果说是什么让格布雷塞拉西坚持走下去，那就是父母亲的鼓励。父亲经常说起格布雷塞拉西小时候的事，提醒格布雷塞拉西，他的路才刚刚开始。

仅仅隔了两年，格布雷塞拉西又重新回到了他的赛道，继续他的传奇。在1997年世锦赛中，格布雷塞拉西在10000米中获胜，在5000米中更是创造了世界纪录，虽然被科曼在9天后超越，但是这样的成绩还是让世人叹服。最让人津津乐道的是，在1998年，格布雷塞拉西超越前人，超越自我，创造了10000米的世界纪录，仅仅13天后，又在5000米的比赛中超越了科曼，重新登上5000米世界纪录的宝座。随后的两年，像父亲预言的那样，格布雷塞拉西更是到达了自己跑步事业的顶峰。在1999年，格布雷塞拉西赢得了从1500米到10000米所有项目的冠军。到了2000年，在悉尼奥运会上，他成为历史上第3个卫冕10000米的奥运冠军。

当他正准备在2001年的国际马拉松和世界田径锦标赛上大展拳脚时，他的伤病复发了，尽管他坚持着，但这并不由得他自己决定。在这两场比赛中，他只得到了铜牌。格布雷塞拉西一直在咬牙坚持着，休整一年后，他在2003年巴黎世界田径锦标赛的10000米比赛中获得了银牌。在2004年雅典奥运会上，拖着红肿的膝盖，格布雷塞拉西在10000米中获得了第5名。

当所有人都以为一个伟大的长跑运动员要消失在赛道上时，格布雷塞拉西转向了马拉松运动。如果说小时候参加省运动会是他的第一个机会，那么转向马拉松就是他人生的第二个机会。从2005年到2008年参加的六次马拉松，他均是第一名。格布雷塞拉西天生就适合奔跑，他要跑，直到他跑不动为止。

04 / 奇迹般的人生

对一个运动员来说，岁月是一个拦路虎，到了一个新的年龄段，再也无法突破自己，只能选择退役。2010年的11月8日，37岁的格布雷塞拉西参加完人生最后一次马拉松后，在没有跟经纪人商量的情况下宣布了退役，这标志着他18年辉煌的运动时代落下帷幕。"把机会留给其他的年轻人吧，我应该去做一些别的事情，为自己再活一次。"他的话略带伤感与凄凉。

对于他来说，也不是没有遗憾的。在纽约马拉松的赛场上，他因为右膝伤势不得已中途退出了比赛。当谈到这的时候，这位经历过风风雨雨的中年男子流下了热泪，"我对自己感到失望，当我站在赛场上时，看着我肿胀的膝盖，我以为我可以坚持下去，我想再拿一次冠军。"

虽然作为一名长跑运动员的生涯结束了，但他表示，他永远不会停止奔跑，他仍然怀念奔跑时那扑面而来的股股热浪。虽然格布雷塞拉西退役了，但是他的事迹会一遍一遍被人提及。因为世界上，只有这么一个格布雷塞拉西，创造出了这么多的奇迹，对长跑产生了如此深远的影响。格布雷塞拉西的运动生涯给我们留下了无数个感动的瞬间。

后　记

"一带一路"相关国家众多，代表性人物众多，为中外交好、民心相通做出杰出贡献的人士众多。因此，为"一带一路"璀璨群星立传，既使命光荣，又责任重大。在这项浩大工程的策划、组织、执行过程中，有许许多多的志士参加了有关传主的名单征集和审定，以及写作、翻译、审读、编辑、出版、筹资、联络等繁重而琐细的工作。所有参与的人员，以拳拳报国之心，尽深厚学养之力，克服了时间紧、任务重、要求高、压力大等诸多困难与挑战，最终圆满完成了任务。在本书付梓之际，丛书编委会特向参与本项目的全体同志致以崇高敬意和衷心感谢！

同时特别需要鸣谢的是，提出策划并领导实施此项目的中国传记文学学会会长王丽，基于长期法律实务经验和担任"一带一路服务机制"主席职务的便利，她对相关国家和走出去的"一带一路建设者"和广大青少年的需求了解真切,提出应当为他们写一套介绍各国典型人物的简明易读的传记,为他们提供健康的精神食粮。她把这项"额外"的工作当成了事业,不惜四处奔走筹集经费、苦口婆心招揽作者、精心挑选传主名录、夙夜青灯挥笔写作、近乎偏执逐字推敲、亲力亲为呕心沥血。面对如此浩大的出版项目和繁重的出版任务,中国出版集团华文出版社、中联部当代世界出版社、五洲传播出版社三家出版社携手毅然承担了出版任务,努力将该传系图书列入国家的重点出版工程,以高质量的编辑和装帧,确保了这套百卷丛书的国家级水平。在此,我们特向这三家出版社的相关领导和编辑们致以崇高敬意和衷心感谢!

尤其让我们感动的是,在项目执行过程中,一些富有家国情怀的民间商会和企业家的慷慨解囊,虽不足以支撑项目的全部费用,但是他们所表现出的热心和支持,让我们坚定了走下去的信心和决心,特向他们的拳拳报国之心和慷慨无私帮助致以崇高敬意和衷心感谢!

一项伟大的事业,离不开许多默默无闻的奉献者。在

后记

本传系的组织、编写、出版过程中，有历史、文学、科研、外交、教育、法律、翻译、出版等领域的数百位专业人士参与，恕不能在此处一一详列。需要特别提出的是，鞠思佳、李华华、景峰等同志为组织联络、搜集资料到处奔波而毫无怨言，唐得阳、唐岫敏、白明亮、谭笑、曹越等同志在编写、翻译和编辑、校对过程中的细致与负责让我们感动，赵实、胡占凡、高明光、吴尚之、刘尚军、李岩、王灵桂、李永全、陈晓明、许正明、宋志军、丁云、关宏等同志睿智的指点和专业的帮助让我们避免了许多弯路。在此，我们特向以上各位同志致以崇高敬意和衷心感谢！

当然，由于我们水平所限，本丛书难免有某些不尽如人意和瑕疵之处，敬请学界专家和各位读者不吝赐教，我们将在作品再版之时吸收完善。在此，我们也向各位读者提前表示崇高敬意和深深感谢！

"'一带一路'列国人物传系"编委会
2023 年 3 月 28 日